Dorothee Sölle

Gewöhnen will ich mich nicht

HERDER spektrum

Band 5614

Das Buch

Da ist mehr. Und da ist anderes. Auch wenn es manchmal scheint, dass sich das Leben erschöpft in der Hektik des Alltags und seiner Routine. Da ist mehr. Und da ist anderes. „Es muss doch mehr als alles geben", sagt Dorothee Sölle – und: „Ich will mich nicht gewöhnen".

Und so geht es in ihren Texten darum, die Schönheit des Lebens zu preisen, viele alltägliche wunderbare Momente, und nicht aufzuhören, dafür zu kämpfen, dass es besser und schöner wird. Dorothee Sölle hat das Leben in seiner Widersprüchlichkeit und mit seinen Gegensätzen wahrgenommen und gelebt, in ihren Texten bedacht und in ihren Gedichten besungen. Sie hat sich nicht abgefunden mit dem, was ist, und hat nicht aufgehört, sich an nutzlosen Köstlichkeiten zu freuen. Der „Einspruch gegen die Hoffnungslosigkeit" war ihr das Wichtigste am Christentum, und die Mitte ihres Glaubens die Gottesliebe, die ohne Frage nach Warum und Wozu das Leben erhält und nährt.

Die Texte und Gedichte dieses Bandes spiegeln die Kostbarkeit und Widersprüchlichkeit des Lebens, wie Dorothee Sölle sie erfahren hat. Ausgewählt von einer mit ihrem Leben wie ihrem Werk vertrauten Freundin, Bärbel Wartenberg-Potter, strahlen sie den Mut aus und das Staunen, erzählen vom Kampf und vom Spiel, wissen um die Unruhe und Sehnsucht und um die heitere Gelassenheit, die das Leben braucht – die es braucht, um glücklich zu sein.

Die Autorin

Dorothee Sölle, 1929–2003, Theologin, Germanistin und Schriftstellerin, zahlreiche Bücher und Veröffentlichungen, Lehrstuhl am Union Theological College in New York. Bei Herder Spektrum: Es muss doch mehr als alles geben, Bd 5239; Den Rhythmus des Lebens spüren, Bd 5413, Erinnert euch an den Regenbogen, Bd 4944

Die Herausgeberin

Bärbel Wartenberg-Potter, geb . 1943, war von 1980–85 Direktorin in der Abteilung Frau in Kirche und Gesellschaft des Ökumenischen Rates der Kirchen in Genf. Nach einer Tätigkeit als Geschäftsführerin der Arbeitsgemeinschaft Christlicher Kirchen in Deutschland wurde sie 2001 als Bischöfin im Sprengel Holstein-Lübeck der Nordelbischen Evangelisch-Lutherischen Kirche gewählt.

Dorothee Sölle

Gewöhnen will ich mich nicht

Engagierte Texte und Gedichte

Herausgegeben von Bärbel Wartenberg-Potter

HERDER

FREIBURG · BASEL · WIEN

Gedruckt auf umweltfreundlichem, chlorfrei gebleichtem Papier

Originalausgabe

www.herder.de
Satz: Barbara Herrmann, Freiburg
Druck und Bindung: fgb · freiburger graphische betriebe 2005
www.fgb.de
Umschlaggestaltung und Konzeption:
R·M·E München / Roland Eschlbeck, Liana Tuchel
Umschlagfoto: © Corbis
ISBN 3-451-05566-X

Inhalt

Vorwort

Dorothee Sölle hat das Leben intensiv wahrgenommen, und in vielen ihrer Texte geht es darum, seine Schönheit zu preisen, die alltäglichen wunderbaren Momente – und nicht aufzuhören, dafür zu kämpfen, dass es besser und schöner wird. Sie hat das Leben in seiner Widersprüchlichkeit und mit seinen Gegensätzen wahrgenommen und gelebt, in ihren Texten bedacht und in ihren Gedichten besungen. „Ich will mich nicht gewöhnen“: Sie hat sich nicht abgefunden mit dem Schlechten und hat nicht aufgehört, sich zu freuen an dem, was köstlich ist.

Das Glück der Erde sehen und wahrnehmen, die „Malve am Straßenrand“, und dabei nicht gleichgültig werden: Die Kapitel dieses Buches stehen für Haltungen, die sie verkörpert und die sie in ihren Texten und Gedichten zum Ausdruck gebracht hat.

Ich kannte Dorothee Sölle als eine schwesterliche Freundin. Ich habe sie als Lehrerin und wegweisende Frau erlebt, die vorgelebt hat, was es bedeutet, in heutiger Zeit vom christlichen Glauben zu sprechen und mutig dafür einzustehen. Damit hat sie mein Leben geprägt.

Und so möchte ich zu Beginn dieses Buches von Dorothee Sölle selbst erzählen und ihrer Rolle in der Kirchengeschichte der letzten Jahrzehnte.

Anfang des Jahres 2005 habe ich am Weltwirtschaftsforum in Davos teilgenommen. Viele fragten mich: „Warum machst du das?“ In der Vorstellung mancher ist es das Zusammentreffen von Menschen, die repräsentieren, was sie ablehnen: die Mächtigen der Welt, die nur den eigenen Vorteil im Blick haben und nicht das Gute, das zu tun wäre. Von Dorothee Sölle habe ich gelernt, dass man in solchen Situationen kenntlich sein soll, dass man aber gleichzeitig auch bereit ist, zu hören, wahrzunehmen und vorhandenes Wissen zu vertiefen oder auch dem eigenen Unwissen abzuhelfen. Dorothee Sölle war eine Prophetin, die mit lauter

Stimme die Richtigkeiten, die sie entdeckt hatte, vorgetragen hat. Und dennoch hat sie auch viele von uns gelehrt, die Wirklichkeit immer wieder aufmerksam zu prüfen, so, wie wir es in der christlichen Studentenbewegung gesagt haben: mit der Bibel in der einen und der Zeitung in der anderen Hand. Die Wirklichkeit so wahrnehmen, wie sie uns entgegen tritt tagtäglich, und sie im Lichte des Evangeliums neu zu lesen, neu zu entdecken und in sie hineinzusprechen.

Diese Fähigkeit hat Dorothee Sölle viele von uns gelehrt. Deshalb war sie, wie ihr Name sagt, ein Geschenk, „Dorothea": ein „Geschenk Gottes" – ein Ehrengeschenk, möchte ich sagen. Ihre Eltern waren sowohl dankbar als auch weitsichtig, als sie dieser Frau diesen Namen gaben. Für eine über den ganzen Erdball verstreute Gemeinde hat Dorothee Sölle geschrieben und gesprochen. Immer war sie bereit, für die „kleinen Leute" einzustehen. Sie ist auch ein Geschenk für viele von uns Christinnen und Christen in deutscher Sprache, denn sie hat uns eine neue Sprache für unseren Glauben geschenkt. Und ein Geschenk ist sie für die Kirchen unseres Landes, sowohl die evangelische als auch die katholische. Allerdings haben sich die Kirchen oft gesträubt, dieses Geschenk entgegenzunehmen in dem Argwohn, es könne sich als eine Büchse der Pandora erweisen …

In die Gottesfinsternis des 20. Jahrhunderts hat Dorothee Sölle theologisches Licht getragen. Ein durch Krieg und Mord beschädigtes Licht hat sie wieder zum Brennen gebracht und uns in der Zeit nach Auschwitz, nach dem „Tode Gottes", geholfen, wieder Gott zu sagen, Gott zu meinen, Gott zu glauben. Sie hat dieses Licht in das persönliche Leben ungezählter Menschen gebracht. Sie hat in die Dunkelheit von Rüstungswahn, Weltarmut und Mitweltzerstörung klares Licht gebracht. Sie hat das Zwielicht, in das sich Kirche und Theologie oft ducken, aufgehellt. Sie hat uns Frauen ein Licht aufgesteckt und den sanften Schein schwesterlicher Solidarität verbreitet.

Wie hat sie das gemacht? Sie geht durch eine Straße, sieht ein Graffiti an der Wand, und es formt sich in ihrem Kopf die Aus-

1 Das Glück der Erde

Credo für die erde

Ich glaube an gottes gute schöpfung die erde
sie ist heilig
gestern heute und morgen

Taste sie nicht an
sie gehört nicht dir
und keinem konzern
wir besitzen sie nicht wie ein ding
das man kauft benutzt und wegwirft
sie gehört einem anderen

Was könnten wir von gott wissen
ohne sie unsere mutter
wie könnten wir von gott reden
ohne die blumen die gott loben
ohne den wind und das wasser
die im rauschen von ihm erzählen
wie könnten wir gott lieben
ohne von unserer mutter
das hüten zu lernen und das bewahren

Ich glaube an gottes gute schöpfung die erde
sie ist für alle da nicht nur für die reichen
sie ist heilig
jedes einzelne blatt
das meer und das land
das licht und die finsternis
das geborenwerden und das sterben
alle singen das lied der erde

Lasst uns nicht einen tag leben
und sie vergessen
wir wollen ihren rhythmus bewahren
und ihr glück leuchten lassen
sie beschützen vor habsucht und herrschsucht
weil sie heilig ist
können wir suchtfrei werden
weil sie heilig ist
lernen wir das heilen

Ich glaube an gottes gute schöpfung für die erde
sie ist heilig
gestern heute und morgen

Die Schöpfung geht weiter

Eine Voraussetzung für den Gedanken der schöpferischen Mitwirkung ist die Einsicht, dass die ursprüngliche Schöpfung unvollendet ist. Die Schöpfung geht weiter, sie ist ein sich fortsetzender Prozess. Wir missverstehen die Bedeutung der Schöpfung, wenn wir sie auf etwas reduzieren, das irgendwann einmal vor langer Zeit geschehen ist. Die Vorstellung von Gott als dem Uhrmacher geistert auch heute noch in den Köpfen vieler Menschen herum: Das ist ein Gott, der die Welt als ein riesiges, sich automatisch, selbsttätig aufziehendes kunstvolles Uhrwerk konstruiert hat und der danach in die Ewigkeit verschwunden ist … Wer den Gedanken der Schöpfung ernst nimmt, braucht etwas völlig anderes als diesen naiven Glauben an die fraglose Zuverlässigkeit eines göttlichen Uhrmachers. Wenn wir wirklich der Schöpfung innewerden wollen, müssen wir uns dem Nichts stellen.

Die Überlieferung lehrt, Gott habe die Welt aus dem Nichts erschaffen. Kein Ding existierte, bevor Gott die Welt schuf; da gab es nur Chaos und Nichts. Wenn wir sagen, dass die Schöpfung weitergeht, so bedeutet das unter anderem, dass Chaos und Nichts unser

Dasein immer noch begleiten und das „Haus des Seins“ zu zerstören drohen. Die Gegenwart des Nichts ist eine Grundtatsache nicht nur des göttlichen, sondern gerade auch des menschlichen Lebens. Wir erfahren das Nichts in zweierlei Gestalt. Die eine ist die Leere in uns selbst, die uns oft zum ersten Mal während der jugendlichen Suche nach Identität entgegentritt. Diese Entdeckung innerer Leere ruft in uns eine Mischung aus Angst und Faszination hervor. Wir schrecken vor der Leere in uns selbst zurück, aber sie zieht uns auch unwiderstehlich an; es ist so, wie wenn wir von einem Berggipfel in den Abgrund blicken: Wir zucken zurück und werden angezogen von der Weite des leeren Raums vor unseren Füßen, von der Kraft des Nichts. Nur durch die Konfrontation mit dem Nichts in uns selbst können wir eine schöpferische Lösung finden. Wenn wir an der Schöpfung partizipieren, können wir den Todeswunsch überwinden, der aus dem Nichts hervorkriecht.

Die zweite Gestalt, in der wir das Nichts erfahren und die mit der ersten zusammenhängt, ist das Zerstörerische und Böse, das unsere Welt in überpersönlichem Sinne prägt. Wir müssen den Prozess der Schöpfung weitertreiben, weil es in der Welt die Bedrohung durch das Nichts als Leben zerstörende, tödliche Macht gibt. Die Schöpfung ist unvollendet und braucht unsere Mitwirkung, indem wir uns mit dem Nichts, das uns zu verschlingen droht, auseinander setzen. Mitschöpfer, Kokreator werden bedeutet ein bisschen mehr als Blumen im Garten zu pflanzen und sich dabei wohl zu fühlen! Als Mitarbeiter der Schöpfung müssen wir dem Nichts, das in uns selbst ist und uns umgibt, ins Auge blicken lernen. Jede Atombombe bedroht die Schöpfung mit Vernichtung und ist ein Bote des Nichts, aber ohne Verbündete in unseren eigenen Herzen zu finden, ohne Todes- und Tötungswünsche könnte die Bombe nicht stationiert werden.

Schöpfung und Nichts sind nicht die alleinige Domäne Gottes. Nicht nur Gott, sondern auch wir begegnen dem Gespenst des Nichts in jedem authentischen schöpferischen Akt. Im erneuernden und heilenden Handeln treiben wir die unvollendete Schöpfung weiter.

Die Erde gehört nicht uns

Die Erde gehört nicht uns. Sie ist nicht dazu da, um von uns nach Lust und Laune ausgeplündert und ausgebeutet zu werden. Im Gegenteil: Der Mensch gehört zur Erde, und zu etwas gehören, das bedeutet, in gegenseitiger Abhängigkeit zu leben. Wir sind abhängig von der Erde; wir können es uns nicht leisten, gegen sie oder ohne sie zu leben. Wir versuchen zwar beständig, unsere Abhängigkeit von der Erde zu verleugnen oder aufzuheben. Wir leben gegen den Rhythmus von Tag und Nacht, Sommer und Winter, Schlafen und Wachen. In der industriellen Welt neigen wir dazu, dem Rhythmus der Natur zu widerstreben oder ihn ganz außer Acht zu lassen. Aber wir können unmöglich die Verbindung zu allen natürlichen Rhythmen abschneiden, ohne uns selbst Schaden zuzufügen. Wir sind eben nicht absolut unabhängig. Wir müssen unsere Abhängigkeit von unserer Mutter, der Erde bejahen. Genauer gesagt: Es geht um die wechselseitige Abhängigkeit von Menschheit und Erde, denn wir sind verantwortliche Haushalter im Gesamthaushalt der Schöpfung.

Heilig ist die Erde, unverfügbar

Die Erde ist heilig. Noch vor zehn Jahren war ich mir dieser Heiligkeit nicht so schmerzlich bewusst. Erst wenn das, was wir lieben, aufs Äußerste bedroht wird, dann entdecken wir den Ursprung unserer Liebe und erfahren aufs Neue unsere wechselseitige Abhängigkeit. Die Verschwörung zur Vernichtung der Schöpfung. [...] entzündet in uns ein neues Bewusstsein von der Heiligkeit oder, um mit Heidegger zu reden, von der Unverfügbarkeit der Erde. Wir haben kein Verfügungsrecht über die Erde. Einige ihrer natürlichen Ressourcen sind unwiederbringlich. Die Erde ist nicht unser Besitz, wir haben sie nicht geschaffen. Die Heiligkeit der Erde macht, auch wenn wir einen atheistischen Standpunkt einnehmen, ihr Recht geltend, erhebt ihre Stimme und drängt uns zur Überwindung einer rein positivistischen Weltanschauung. Es gibt eine unbewusste Frömmigkeit im Innersten der Friedensbewegung, oft in der Form einer verzweifelten Suche nach religiösen Begründungen und religiösen Gestalten, die uns Mut machen im Kampf gegen die, die sich im Besitz der Erde wähnen. Im Protest gegen die Vernichtungspläne [...] müssen wir eine stärkere Liebe zur Schöpfung verkörpern als die, zu der die [...] Herrschenden sich bekennen. Und um dieser stärkeren Liebe willen müssen wir auch theologisch neu über die Schöpfung nachdenken.

Es sei dir gesagt, Mensch

Es ist dir gesagt Mensch
du hast es gehört
es ist leicht zu verstehen

Mir ist nichts zu Ohren gekommen
ich weiß nicht, was ich tun soll
nicht einmal was ich lassen könnte
welches Programm ich eintippen soll
an wen mich halten

Was gut ist
für die alte Frau nebenan
und die türkischen Kinder
für den kleinen Wald
hinter der Autobahn
und für dich

Ich bin schon froh wenn ich rauskriege
was für mich was bringt
wo ich nicht draufzahlen muss
was super wäre
und kein Risiko dabei

Was Gott bei dir sucht
nichts als Recht für die Rechtlosen
und Freundlichkeit für alle

Was soll denn das sein?
bei mir gibt's nichts zu holen
da kann der lange suchen
„auf dich haben wir gerade gewartet"
sagt der Chef immer
wo soll ich anfangen
und wie weit soll ich gehen?

Was Gott von dir erwartet
Gott und sein Volk der Fische
Gott und sein Volk der Bäume
Gott und seine Kinder.

Das soll mir gesagt sein?
das hätte ich schon mal gehört?
das spräche manchmal
leise
stotternd
auch in mir?

Renovabis faciem terrae

Gott deine geistin erneuert das gesicht der erde
erneuere auch unser herz
und gib uns den geist der klarheit und des mutes
denn das gesetz des geistes
der uns lebendig macht in christus
hat uns befreit von dem gesetz der resignation

Lehre uns
wie wir mit der kraft des windes und der sonne
leben und andere geschöpfe leben lassen
lehre uns
die kraft der kleinen leute zu spüren
und keine angst mehr zu haben
wenn wir widersprechen und widerhandeln
dem luxus auf kosten aller anderen geschöpfe
lehre uns
die immer größere freude
Beim lebendigwerden in deiner lebendigen welt
weil wir unser ende nicht fürchten

Gott deine geistin erneuert das gesicht der erde
erneuere auch unser herz
und lass uns wieder miteinander leben
lehr uns zu teilen statt zu resignieren
das wasser und die luft
die energie und die vorräte
zeig uns dass die erde dir gehört
und darum schön ist

Erinnere dich an bäume

Keinen tag soll es geben
an dem du sagen musst
niemand ist da der mir kraft gibt zum widerstand
keinen tag soll es geben
an dem du sagen musst
niemand ist da der mir mut macht zum ungehorsam
keinen tag soll es geben
an dem du sagen musst
ich halte es nicht mehr aus

Erinnere dich doch gott
an die bäume die du geschaffen hast
weißt du nicht mehr
stark und biegsam jeden in seiner art
ein halt im himmel
ein dach für die erde
ein baumhaus für die kinder
die bäume durften atmen und sich ausbreiten
sie streckten die wurzeln in den boden
sie regulierten die luftfeuchte
sie machten uns zu hause auf der welt
sie waren unsere geschwister
das volk der bäume nannte man wald
erinnerst du dich

Manche liebten die bäume mit einer liebe
viel länger als ihr eigenes leben
sie pflanzten sie sie liebten dich in den bäumen gott
sie schützten dich und sie wurden beschützt
es war eine gerechte Aufteilung
Menschen tranken von deiner kraft gott
du warst nicht der allmächtige konstrukteur einer großmaschine
sondern die gärtnerin die den baum des lebens gepflanzt hat

Erinner dich doch gott
und behüte uns vor den baumfeinden die uns mit müll ersticken
sie reden von freier fahrt für freie bürger
aber ihre freiheit ist mörderisch
erbarme dich über dein volk der bäume
erinnere dich und mach uns erinnern
behüte uns und mach uns zu hütern
unserer geschwister
der bäume

Vom baum lernen

Vom baum lernen
der jeden tag neu
sommers und winters
nichts erklärt
niemanden überzeugt
nichts herstellt

Einmal werden die bäume lehrer sein
das wasser wird trinkbar
und das lob so leise
wie der wind an einem septembermorgen

Ein gewitter

Mach mich nass regen
roll über mich her donner
schlag zu blitz und rausch himmel
rausch lauter

Vergessen hatte ich was ich brauche
ein tourist war ich
schrieb karten voll schönem wetter
und sprayte die haut mückenfrei
und dachte das sei alles

Bis du kamst gewitter
mich erinnernd an den durst
den mir der wein nicht löscht
den mir das wetter nicht stiehlt
der erde durst
wird endlich mein
rausch lauter himmel

Aus erde bin ich gemacht

Aus erde bin ich gemacht
aus schlamm und dreck
aus blut und wasser
gern wär ich ein vogel
aus federn papier und dünnen knochen
nicht nass und blutig

Aus erde sind wir gemacht
doch sehr mobil und trennbar
verbringend die tage
in flughäfen und autos
gern wär ich der vogel
der ich einst war
leicht und vergesslich

Gott und die erde haben gedächtnis
sie lassen sich nicht teilen
beliebig verbringen
in andere länder
gern wär ich der vogel
schmerzlos flög ich in dich
mein immer dunklerer himmel

Aber aus erde sind wir
aus schmerz

2 Nur nicht gleichgültig werden

Definitionen des erwachsenseins

Gott fluchen am morgen
ihn loben am abend

Kluge zehen haben
das tanzen anfangen
die finger spitzen

Ein lehrer werden
die leidenschaft für die ungeschickten
genausein für die
die sprachlos geworden sind
genauwerden mit ihnen

Arbeiten so
dass das ergebnis jederzeit im prozess aufscheint
lieben so
dass das ergebnis jederzeit
auch im schmerz
leuchtet
den morgenstern sehen er
bleibt nicht ewig aus
das glück nicht nur vom hörensagen kennen
es anfassen
mit verbrannten händen

Als jacob sein braunes lederbüchlein mit den adressen und telefonnummern der letzten zehn Jahre verloren hatte

Als jacob vier stunden lang vergeblich
das unterste zuoberst gekehrt hatte
fiel ihm die frau ein die
einen groschen verloren hatte
ohne den sie nicht sein mochte.

Da erschrak er über sein suchen
seinen ärger und seine konzentration
weil die geschichte vom groschen
ein gleichnis für das reich gottes
das wir suchen sollen mit mindestens dem aufwand
den ein verlorenes notizbuch bringt

Schön wär's ja

„Schön wär's ja", sagte meine alte skeptische Freundin, als ich anfing, sie nach der Nächstenliebe zu fragen. So wie Gandhi, gefragt, was er von der westlichen Kultur halte, die Antwort gab: „Das wäre ein ausgezeichnete Idee." Schön wär's ja, die Vorstellung, dass die Menschen auf diesem Planeten, einander in Liebe verbunden, die Erfüllung ihres Lebens in der Liebe fänden, nicht in Geld oder Macht. Angenommen, das, was der Mensch braucht, das, worauf alles ankommt und worauf alles hinausläuft, das, was wir lebenslang lernen und wovon wir zehren, das, was gemeint war mit uns, noch bevor wir geboren waren, und was sein wird mit uns, wenn wir nicht mehr hier herumlaufen, angenommen einmal, das wäre mit diesem unmöglichen, weil viel zu großen Wort „Liebe" die endgültige letzte Wirklichkeit, an der wir teilhaben in unserem täglichen Miteinander – schön wär's ja.

Liebe deinen Nächsten, er ist wie du. Martin Bubers Übersetzung des biblischen Gebotes ist rhythmisch stärker als die geläufige. Die Pause mitten im Satz bringt einen zum Nachdenken. Und dieses Nachdenken wird nicht mit der hier unangemessenen Frage belastet, was es mit der Selbstliebe auf sich habe und ob ich mich denn selbst lieben könne. Selbstliebe und Fremdliebe werden nicht miteinander verglichen, sondern auf einer tieferen Ebene nennt die Übersetzung ihre gemeinsame Wurzel, die Gleichheit. Liebe deinen Nächsten, er ist wie du. Sei brüderlich (und schwesterlich, die Hg.), weil der andere dir gleich ist. Unter Ungleichen gibt es keine Liebe, nur Herablassung. Darum ist es das Eigeninteresse der Liebe, die Gleichheit herzustellen, damit sie lieben kann. So wie Gott uns nach seinem Bilde schuf, damit er etwas zu lieben hätte, so setzt unsere Liebe die Ebenbildlichkeit des anderen voraus, auch wenn wir sie im Gesicht eines Verbrechers nicht mehr sehen, sondern nur noch glauben können.

Ich will hier drei Wesenszüge der Liebe herausgreifen und beschreiben, das Geben und Nehmen – die Aufmerksamkeit – den Schmerz. Das Wort Nächstenliebe bezeichnet eine Beziehung zwischen Menschen und nicht die Tugend eines einzelnen Menschen. (Die Tradition drückte diesen Sachverhalt so aus, dass sie die Nächstenliebe eine „übernatürliche" Tugend nannte. Es versteht sich von selbst, dass etwas Übernatürliches nicht privat von einem einzelnen besessen oder angeeignet werden kann. Die übernatürlichen Tugenden – Glaube, Liebe und Hoffnung – sind Ausdrücke, um das Leben selbst zu beschreiben, zu sagen, was vorgeht, wenn wir wirklich leben. Es sind rationale, in Beziehung stehende Begriffe.)

Die Liebe ist ein doppelseitiges Nehmen und Geben. Das bedeutet nicht, dass in jedem Augenblick einer Beziehung der Gebende auch der Nehmende ist. Der barmherzige Samariter gibt, was er hat, ohne jetzt etwas zu bekommen. Aber indem er gibt, ohne nach der Rückzahlung zu fragen, stellt er etwas her, das ich das Netz der Nächstenliebe nennen will: ein Vertrauen, dass nichts verloren geht und nichts umsonst ist. Er setzt auf das Geben und Nehmen, auch wenn er aktuell nur gibt. Vielleicht hat er als Kind einmal aktuell nur genommen. Das Bild vom Netz kommt mir in den Sinn, weil ich auf die relative Sicherheit des Gebens und Nehmens hinweisen will. Das Netz trägt. Es hat zwar Löcher, und Menschen fallen aus dem Netz in eine Leere, in der kein Geben und Nehmen mehr möglich ist; aber unsere alltägliche Erfahrung hat mit diesem Netz aus Geben und Nehmen zu tun. Immer dann, wenn wir das Geben lernen, ohne zu rechnen, oder wenn wir das Nehmen lernen ohne Scham, dann knüpfen wir an diesem großen Netz und machen es etwas verlässlicher. Gib deinem Nächsten, er gibt wie du. Nimm von deinem Nächsten, er braucht wie du. Die Gleichheit besteht darin, dass alle zu geben und alle zu nehmen haben. [...]

Darum ist der Satz „Geben ist seliger als Nehmen" in einem tiefen Sinn unwahr und irreführend. Vielleicht sollte man sagen: Geben und Nehmen sind seliger als Haben und Halten. Ich kann mit meinen Händen nur dann nehmen oder geben, wenn sie nicht mit Halten beschäftigt sind.

Um dieses Gleichgewicht oder die Gegenseitigkeit der Liebe zu lernen, brauchen wir eine bestimmte Art der Konzentration, die Simone Weil als Aufmerksamkeit beschrieben hat. Wenn wir von Lieben-Lernen sprechen, so ist es eigentlich die Aufmerksamkeit auf die Realität des andern, die zu lernen ist. Oft sehen wir nur, was wir geben, und neigen dazu, wie der schlechte Lehrer, zu übersehen, was wir nehmen. Wir sind unaufmerksam auf die Realität des anderen, sobald wir ihn zu einem Nutz- oder Lustobjekt machen und ihn unter dem Gesichtspunkt der Verwundbarkeit betrachten. Die Aufmerksamkeit ist eine kritische, negierende Kraft, die unsere Vorurteile, Vorerwartungen und Vorstellungen nicht zulässt, sodass wir leer werden und bereit, das, was der andere mit der Sprache seines Körpers, seiner Bewegungen und seiner Worte ausdrückt, wahrzunehmen. [...]

Die Aufmerksamkeit führt uns zum Geben und Nehmen, sie macht uns bewusst, dass wir im Geben und Nehmen stehen; aber je mehr wir uns auf diesen Prozess des Gebens und Nehmens einlassen, desto unvermeidbarer wird der Schmerz. Ich weiß, dass das eine sehr christliche Beschreibung der Nächstenliebe ist ... Christlich gesprochen ist der Schmerz untrennbar von der Liebe. Jesus weinte über seine Stadt Jerusalem. Nehmen und Geben kommen an ein Ende, das Netz der Liebe erweist sich als löcherig, manche fallen heraus und werden unerreichbar für uns.

Es gibt eine Reihe von sehr vernünftigen Argumenten für die Nächstenliebe, die die Eigeninteressen der Menschen und den Gedanken der gegenseitigen Hilfe betonen. Aber es gibt auch einen vernünftigen paradoxen Kern der Liebe, der uns zu Narren macht. Als Narren wissen wir mehr vom Schmerz, wir wissen, dass wir mit der Liebe nie fertig werden, immer in ihrer Schuld bleiben und dass es lächerlich ist zu sagen: „Ich habe mein Bestes getan", weil so nur einer sprechen könnte, der sein Leben gegeben hätte. Dass wir immer hinter der Liebe zurückbleiben, ist der messianische Schmerz in der nicht erlösten Welt. Ich wäre gern der blühende Baum, der das Geben und Nehmen lebt und aufmerksam ist zur Erde und zur Sonne; es ist aber der Schmerz, der mich von diesen Geschwistern trennt. Man kann ihn niemandem andemonstrieren, es ist eine Erfahrung des Glaubens, so wie die Erkenntnis, dass ich ein Sünder bin, geglaubt werden muss im Licht der Liebe, hinter der wir zurückbleiben.

Aufmerksam werden, geben und nehmen lernen, den Schmerz nicht verleugnen – das sind Ausformulierungen des alten Satzes: Liebe den Nächsten, er ist wie du. „Schön wär's ja", sagte meine skeptische Freundin. Doch die Verhältnisse, die sind nicht so. Bleibt die Beschreibung nicht blind den wirklichen Schwierigkeiten gegenüber, taub für die Ursachen des Elends? Welchen Sinn hat es, von der Liebe zu reden unter kapitalistischen Bedingungen? Müssen wir nicht von ihrem Misslingen reden? Ich meine das nicht moralisch, in dem Sinn, dass die Forderung zu groß und wir kleinen Menschen zu schwach und ichbesessen sind, ich meine es gesellschaftlich. Steht nicht auf jeder Zeitungsseite unsichtbar drüber gedruckt: Es geht nicht mit der Liebe? Ein Buchtitel: ‚Liebe allein genügt nicht', ein Zitat: „Es gibt kein wahres Leben im falschen." Was wir erfahren, ist die subjektive, weil objektive Unmöglichkeit der Liebe.

[…] Der Nächste, ein Begriff aus der alten agrarischen Welt, ist tot. Die Liebe, die, mit den Worten eines katholischen Lexikons, den andern um seiner selbst willen und nicht als Nutz- oder Lustwert sucht, wird privatisiert. Das hat die gegenwärtige Philosophie in Gestalt der Systemtheorie längst begriffen: Sie unterscheidet die verschiedenen Systeme wie Staat, Wirtschaft, Wissenschaft, Familie und ordnet der letzteren die Liebe zu. So wie die Wirtschaft mit Geld, die Wissenschaft mit Wahrheit arbeitet, so die Familie mit Liebe (Niklas Luhmann). Innerhalb dieser Aufteilung des Lebens bleibt der Liebe ein kleiner Spielraum; aber die übrigen wirklichen Beziehungen der Menschen werden durch ganz andere Gesetze und Erlaubnisse geregelt.

Das Schicksal der Liebe in der bürgerlichen Welt ist ihre Reduktion. Sie ist nicht mehr in der Lage, die Beziehungen zwischen den Menschen sinnvoll zu definieren und befriedigend zu regeln, was sie dem Anspruch nach in einer nachbarschaftlich agrarischen Welt noch konnte. Dort war das Gebot der Nächstenliebe im Geben und Nehmen, in der gegenseitigen Hilfe verwurzelt, es bedeutete: Hilf dem Nachbarn. Er ist nicht besser dran als du, die Pest, die Dürre, die Räuberbande können dich genau so gut treffen. Es war eine vernünftige Regelung, es war keine totale Überforderung. Was in den letzten zweihundert Jahren der Liebe zugestoßen ist, ist, dass aus einem relativ vernünftigen, weil auf den Eigeninteressen der Menschen beruhenden universalen Prinzip gegenseitiger Hilfe ein Gefühl wurde, das nur auf einen Teilbereich Anwendung findet. Das besonnene „wie ich selbst" wird immer unverständlicher. Überforderung, irreales Denken und Sentimentalität kennzeichnen die Liebesapostel, die die Welt durch mehr Nächstenliebe von Person zu Person heilen wollen. Ein grauenhaftes Symbol dieser Entwicklung ist das Weihnachtsfest. Hier wird das Geben und Nehmen verdinglicht, die Aufmerksamkeit zerstört und der Schmerz sentimentalisiert. Die Liebe findet statt im Kapitalismus a) im System Familie und b) an Weihnachten.

Kann das, was objektiv irrelevant geworden ist, eine subjektive Wahrheit für den Einzelnen behalten?

[...] Liebe ist das tiefste Bedürfnis der Menschen, geben und nehmen zu lernen, die größte Aufgabe. Bedroht ist heute nicht nur die Erfüllung dieses Bedürfnisses – das war zu allen Zeiten so –, sondern seine Anerkennung, seine Existenz. Es ist umstritten, was der Mensch braucht und ob er nicht mit weniger als Liebe sehr viel weiter kommt. Die Tradition hat für das tiefste Bedürfnis des Menschen das Wort „Seele" gebraucht, seinen Mangel, seinen Traum, seine Hoffnung aussprechend. Gibt es die Seele des Menschen, oder ist das eine bloße Erfindung der jüdisch-christlichen Tradition, die durch Reste traditioneller Erziehung am Leben gehalten wird?

Dieser Streit ist nicht entschieden. Muss man aus dem Scheitern der zur Privatbeziehung gewordenen Liebe schließen, dass unser Bedürfnis nach Liebe falsch ist? Oder darf man schließen, dass die Liebe, die sich nicht in der Familie verschanzt und die den Verzicht auf Gerechtigkeit nicht mitmacht, noch ganz andere Zukunftsmöglichkeiten hat als die, die wir am Ende des bürgerlichen Zeitalters sehen? Ist die technokratische Lösung, die die tiefsten Bedürfnisse für nicht existent erklärt und aus der Welt zu manipulieren trachtet, die einzige? Oder ist eine Gesellschaft denkbar und schon im Entstehen begriffen, die diese Bedürfnisse ernster nimmt als alle früheren Zeiten, weil sie das Geben und Nehmen auf einer anderen ökonomischen Basis für alle Menschen zu realisieren sucht?

Ich will mit einer jüdischen Geschichte schließen. Ein alter Rabbi fragte einst seine Schüler, wie man die Stunde bestimmt, in der die Nacht endet und der Tag beginnt. Ist es, wenn man von weitem einen Hund von einem Schaf unterschieden kann? fragte einer der Schüler. Nein, sagte der Rabbi. Ist es, wenn man von weitem einen Dattel- von einem Feigenbaum unterscheiden kann? fragte ein anderer. Nein, sagte der Rabbi. Aber wann ist es dann? fragen die Schüler. Es ist dann, wenn du in das Gesicht irgendeines Menschen blicken kannst und deine Schwester oder deinen Bruder siehst. Bis dahin ist die Nacht noch bei uns.

Schaukeln in La Paz

Eine Cholita (eine Frau vom Land in traditioneller indianischer Tracht) kommt mit ihrem kleinen Kind zum Spielplatz. Sie gehen zu den Schaukeln, wo gerade zwei andere, städtisch gekleidete Frauen ihre Kinder in die Metallschaukeln klettern lassen. Die Frauen mit der helleren Hautfarbe stellen sich hinter ihre Kinder und stoßen sie kräftig an, damit sie weit fliegen. Sie ermuntern sie, hoch und weit weg zu fliegen.

Die dunkelhäutige Frau steht vor ihrem Kind, sie zieht es nah zu sich und lässt es auf sich zu fliegen. Das Kind gewinnt den Schwung aus der Nähe zu ihr. Es kann die Mutter die ganze Zeit sehen. Es lernt das unendliche Spiel der Beziehung: nah und fern, „ich bin bei dir" und „ich komme nie wieder", je näher, desto weiter. Es lernt zu lächeln und mit dem Lächeln zu spielen. Es lernt zu flirten, es versteckt sich, indem es am höchsten Punkt die Augen zumacht, und es lässt sich finden.

Hoffnungslosigkeit ist Luxus

Meine Beobachtung sagt mir, dass die Leute umso hoffnungsloser waren, je intelligenter, gebildeter und wissender sie waren. Journalistinnen, Wirtschaftsfachleute, Universitätsprofessoren, Gymnasiallehrerinnen und andere Intellektuelle haben kaum Hoffnung auf eine wirkliche Veränderung. Ihr Wissen ist weithin Todeswissen, weil sie eben nicht mehr wissen, als dass die Lage tödlich ist. Ihre Lebensattitüde ist ein intelligenter Zynismus, der manchmal wie Asche noch Glut eines früheren Feuers enthält, oft aber auch ausgebrannt und kalt ist.

Hoffnung habe ich gefunden bei den an der Basis Arbeitenden, deren Überblick geringer, deren Analyse einfacher, deren Handlungsradius begrenzter waren. Ist es denn leichter, Hoffnung zu haben, wenn sie konkreter und begrenzter ist? Dass Marias zweites Kind nicht auch an Austrocknung sterbe, dass der

Wassermarsch nur mit Tränengas, nicht mit Gewehrsalven in die Menge beantwortet werde, dass es gelinge, den einen nicht bestochenen Richter in der Stadt zu finden, sind solche geringen, auf das tägliche Brot zum Überleben bezogenen Hoffnungen. Aus der Perspektive der Armen betrachtet, ist die Hoffnungslosigkeit selbst eine Art von Luxus für die, die nicht in die Kämpfe verwickelt sind. Die nicaraguensische Schriftstellerin Gioconda Belli sagte auf einer Konferenz in Loccum, als sie mit der europäischen Hoffnungslosigkeit konfrontiert wurde, diese Art von Luxus könne sich in Nicaragua niemand leisten.

Ist die Hoffnungslosigkeit ein Luxus? Sind die Armen reicher – weil sie naive, falsche, illusionäre Hoffnungen haben? Hat der Präsident von Haiti Jean Bertrand Aristide recht, wenn er die Reichen als die bezeichnet, „die sich reich nennen, aber arm sind?" Ist das die Sicht Jesu, die wir lernen sollten?

Ich möchte in diesem Zusammenhang etwas über mein Verhältnis zu dem großen jüdischen Philosophen namens Karl Marx sagen. Er hat mich etwas gelehrt, das ich sonst nirgendwo in der gleichen Klarheit und Tiefe verstanden habe. Er verlangte unnachgiebig, Wissen und Hoffen miteinander zu verbinden: ein Wissen nicht als Wissen anzuerkennen, wenn es keine Hoffnungsperspektive enthält. Ein Hoffen sich nicht zu leisten, wenn es dem Wissen nicht standhält. Beide Imperative, der wissenschaftskritische, der sich weigert, die Gewalt für das letzte Wort zu nehmen, und der religionskritische, der mehr verlangt als den Traum von der Wahrheit, scheinen mir unaufgebbar. Und doch gebe ich sie de facto immer wieder auf; das in unserer Welt aufgehäufte ökonomische und ökologische Wissen riecht nach Tod. Der Glaube an ein Leben vor dem Tod versandet in Sehnsucht. Der Zwiespalt ist nicht auflösbar, Todeswissen und Lebenshoffnung verkrallen sich in mir.

Walter Benjamin sagte: „Nur um der Hoffnungslosen willen ist uns die Hoffnung gegeben." Dass uns Hoffnung „gegeben" ist, verstehe ich im jüdischen Sinn. Uns ist eine Tradition überliefert, die davon erzählt, dass schon einmal Sklaven von ihren Fronvögten und Schuldeneintreibern frei wurden. Mit der Tradition von Gottes guter Geschichte mit den Armen kommt die Verheißung. Sie stirbt nicht an ihren Niederlagen, das sieht nur in der Perspektive der Beobachter so aus und stellt genau den spirituell tödlichen Luxus dar, den wir uns leisten. Aber das vertrackteste Wort in dem Benjaminschen Satz ist das Wörtchen „uns“. Ist *uns* denn etwas gegeben, sind *wir* nicht nur die Betrachter der Elendswelt? Also gerade die Beobachter, die nichts sehen, außer dem geplanten oder billigend in Kauf genommenen Tod der Armen?

Kein Zufall, dass die Hoffnung in all den Geschichten stärker, lebendiger ist, die sich aus der Tradition der Religionen – und nicht nur aus der Analyse – nähren. Die vielen Wundergeschichten der Evangelien lassen sich nicht zu einer Statistik möglicher Blindenheilungen machen. Die mündlichen Traditionen, aus denen das Neue Testament schöpft, müssen ähnlich klein, weltpolitisch unerheblich, provinziell gewesen sein. Die wenigen Wundergeschichten, die ich für dieses Buch auftreiben konnte, schlagen nicht zu Buch. Aber die Menschen, die Wunder tun und Wunder entdecken, evangelisieren mich. Auch sie gründen ihre Hoffnung nicht auf Macht und Geld und nehmen mir die falsche Gewissheit der Werte, die wir für die höchsten halten. Sie lassen den Zynismus der Hoffnungslosen nicht zu.

Nach einem Vortrag, den ich in Lima, Peru, hielt, antwortete ein zuhörender Theologe mit einem Gedicht, das er mir zusteckte. Es stellt ein Zeugnis des Dialogs von Menschen dar, die Hoffnung brauchen, ohne sie zu haben. Ich füge dem Text von Laif Vaage die Überschrift hinzu.

Gott im Müll

Man hat mich gefragt was ist
die Quelle deiner Hoffnung
Ich habe gemerkt es ist
nicht meine Hoffnung
sondern die der Armen

Ich mache weiter
wegen des Glaubens
dieser Scheißbauern
des Ungeziefers dieser Stadt
der Ratten in den Straßen

die drauf bestehen zu überleben
gegen jeden Versuch
sie kleinzukriegen
ihnen das Leben zu nehmen
das sie auf ihre Weise lieben

genau wie ich das Hoffen
nicht fahren lassen kann
dass wir nicht enden.

Dom helder camara an der nevada test site

Der alte bischof stand auf der grenzlinie
zwischen zutritt verboten und dem land der freien
und während eine nach der anderen zutrat
zivil und ungehorsam
und die hüter der gesetze darauf warteten
die zweihundert festzunehmen
stand der alte würdenträger aus brasilien
und weinte

Die leute knien nieder
an dieser willkürlichen grenze
zwischen dem falschen leben
und dem frisch getesteten tod
und sangen dabei
zivil und ungehorsam

Und der kleine alte Mann aus einer hungergegend
weinte als sie gefangengenommen wurden
ehe man ihnen handschellen anlegte
küsste er ihre hände
und segnete so
unter tränen und küssen
das zerbrechliche leben
zivil und ungehorsam

Für meine drei töchter

Bitte lasst eure zimmer nicht verkommen

Wenn eure zimmer hässlich sind
werdet ihr euch selber nicht lieb und wert halten
wenn ihr euch selber nicht ehrt
werden eure gedanken ohne spannkraft sein
wenn eure gedanken nichts anzielen
werden eure bewegungen ungenau
wenn eure bewegungen fahrig sind
wird eure haut nichts von den blumen lernen

Wenn eure haut nichts von den blumen lernt
wird euer herz wüst und leer sein
wenn euer herz gleichgültig ist
bleibt ihr unvertraut mit dem schönen
wenn ihr ohne vertrauen lebt
könnt ihr die hälfte des himmels nicht tragen
könnt ihr über eure alte mutter nicht lachen

Bitte lasst eure zimmer nicht verkommen

Mütter und töchter

Auf einer volksuniversität
hat eine frau hefte verkauft und gesagt
ich bin die mutter von frigga
die gleich den vortrag hält

Auf einer versammlung der frauen für frieden
hat eine frau brote geschmiert und gesagt
ich bin die mutter von eva
die ihr ja alle kennt

Auf einem demonstrationszug
hat eine das banner getragen und gesagt
ich bin marias mutter
sie hat sich das ausgedacht

Als ich es zum dritten mal hörte
hab ich geweint
weil meine mutter nicht mit mir
gemeinsame sache macht

Und ich den schönen satz
nur von andern gehört hab
die mich umarmten und sagten
ich könnte deine mutter sein

Du bist es hab ich einmal gemurmelt
ach es war nicht wahr
aber sie gab mir eine jacke
weil sie sah wie kalt mir war

Auf einer reise für mehr frieden

Auf einer reise für mehr frieden
treffe ich drei frauen meines alters
schwarz und fett in der hintersten reihe
nicken sie mir zu

Es ist ein verbrechen an den armen
sag ich die bombe zu bauen
und sie geben mir ihren segen
eine umarmt mich
eine wärmt meine hand
eine mit worten

In der nacht lieg ich wach
weil ich alles schon tausendmal gesagt habe
und in meiner angst ausgebrannt zu sein
und ein verräter am frieden
der auch in meinen händen sichtbar sein muss

Erinner ich mich an den segen
der drei schwarzen schwestern in texas
an den frieden der über alle vernunft
sprachen hautfarben und ängste geht

Lob der freundschaft

Freundschaft ist
  wenn du abends ins haus der leute kommst
  und mittelmäßig klavier spielend niemanden
  zum zuhören und darüberreden bringst
freundschaft ist
  wenn du absolut sicher bist
  dass sie nie nett zu dir sein werden
freundschaft ist
  verfügbar sein und verfügen
  reden können und nicht reden müssen
  fragen können und
  nicht verzweifeln wenn keine antwort kommt
freundschaft ist
  wissen dass du spät in der nacht klingeln kannst
  wenn sie dich suchen werden
  die gestapo oder fbi oder der stasi

Und was
  tut david ohne jonathan
  und karl marx ohne engels
  und maria ohne elisabeth
  und che guevara ohne fidel
  und jesus ohne johannes
  du dietrich ohne eberhard
und was
  wird aus uns allen
  ohne bob und sidney brown

Der ofen

Als jacob klein war hat er zeitungen ausgetragen
sie lagen im korb vorn am fahrrad
im winter war es früh dunkel und es regnete
einmal stürzte jacob mit dem rad
der korb fiel um und die abendausgaben
lagen nass und verdreckt auf dem boden

Jacob war elf und es war sein erster job
er muss zu hause angerufen haben
konnte aber nicht sprechen
dann kam sein Vater
sie hoben die nassen papiere auf
zu hause hat vater sagt jacob sie einzeln aufgefaltet
und auf den ofen gelegt zu trocknen
er hat mich ganz fest umarmt sagt jacob
er hat nie gesagt dass es nicht wichtig sei
alles wurde warm und trocken
dann fuhren wir zusammen im auto
und mit schwung warf er die getrockneten zeitungen
in die offenen loggien der vorstadthäuser

Als jacob diese geschichte erzählte
konnte ich den geruch von nassem
dreckigem zeitungspapier das trocknet
nicht aus der nase kriegen
außerdem fiel mir der martin luther ein
der gott einen backoffen voll liebe nannte
daran hab ich eigentlich selten gezweifelt
nur dass ich oft nicht wusste
wo der ofen stand

3 Die Malve am Straßenrand

Erinnerungen an das wirkliche Leben mitten im falschen

Es gibt doch einen Zwiespalt, der uns allen das Herz zerreißt, wenn wir die Bäume, die Hügel und Berge, die Seen und das Meer mit den Augen des Psalmendichters ansehen wollen als Spuren Gottes. Wir können mit der Realerfahrung der täglich neu zerstörten Schöpfung allein nicht leben. Wir suchen Inseln in der Flut, Augenblicke, wo wir die Sonne untergehen sehen oder den aufgehenden Mond betrachten, den ersten Schnee lieben oder ein rostgoldenes Blatt beim Taumeln beobachten.

Diese Augenblicke, diese Inseln, diese Verstecke, wo die Erde noch atmen und wir ihre Kinder sind, nicht ihre Herren und Besitzer, diese Unterkünfte des Lebens, die die Technokratie noch nicht besetzt oder ersetzt hat, sind notwendig. Wir brauchen sie und müssen uns deswegen nicht für Eskapisten halten. Die Tourismusindustrie beutet diese Sehnsucht aus. Billige Fernreisen locken mit unberührter Natur und vergrößern doch die durchorganisierte Zerstörung.

Wir brauchen die Spuren Gottes und sollten sie im Nahbereich, wo wir leben, suchen und bewahren. Es sind Erinnerungen um der Zukunft willen, Lieder von früher, die morgen wieder gesungen werden. Die Schönheit ist kein Luxus, der uns von der Verzweiflung ablenken soll, sie ist nicht „Ästhetik pur", wie heute gern verkündet wird, sie ist die Erfindung Gottes, uns zu sich zu locken. Das Schöne, das Wahre und das Gute – also Ästhetik, Erkenntnistheorie und Ethik – sind eins in Gott. Durch Schönheit, durch Freude stimmt Gott uns ein in das gemeinsame Gute.

[...]

Die Inseln der Schönheit, die wir brauchen, sie sind Erinnerung an das wirkliche Leben mitten im falschen. Jeder blühende Kirschbaum erinnert an Gottes wunderbare, geliebte Welt. Der

Pantheismus ist nicht eine gefährliche Pseudoreligion, sondern ein Ausdruck unseres Bezogenseins auf Gott.

Vielleicht ist es leichtsinnig, wenn ich sage, Gott lockt uns durch Schönheit. Meine Erfahrung ist ja nicht von der katastrophengesättigten Betroffenheit verschieden, ich lebe genauso auf der Müllhalde, die früher einmal Schöpfung hieß. Und doch lockt uns Gott jeden Tag mit diesen Spuren, diesen Resten. Und das brauchen wir. Mag sein, es funktioniert nur unter Tränen, dann lasst uns eben miteinander weinen.

Leben in seiner Fülle: Rede in Vancouver

Liebe Schwestern und Brüder,
ich spreche zu Ihnen als eine Frau, die aus einem der reichsten Länder der Erde kommt; einem Land mit einer blutigen, nach Gas stinkenden Geschichte, die einige von uns Deutschen noch nicht vergessen konnten; einem Land, das heute, 1983, die größte Dichte von Atomwaffen in der Welt bereit hält. Ich möchte Ihnen etwas sagen über die Ängste, die in meinem wohlhabenden und militaristischen Land herrschen; ich spreche zu Ihnen aus Zorn, in Kritik und mit Trauer. Dieser Schmerz über mein Land, diese Reibung an meiner Gesellschaft kommt nicht aus Willkür oder weil ich sonst nichts Besseres zu tun hätte, er wächst vielmehr aus dem Glauben an das Leben der Welt, das mir in dem armen Mann aus Nazareth begegnet ist, der weder Reichtum noch Waffen besaß. Dieser arme Mann stellt das Leben der Welt vor unsere Augen und weist uns auf den Grund des Lebens hin, auf Gott. Christus ist die Exegese Gottes, die Auslegung, die uns verstehen macht, wer Gott ist (Joh 1, 18).

Ich meine das nicht im Sinne eines religiösen Imperialismus, als gäbe es keine anderen Auslegungen Gottes in anderen Religionen, wohl aber im Sinne einer unbedingten Verpflichtung, uns auf diesen Jesus Christus einzulassen, wenn wir das Leben der Welt und nicht den Tod suchen.

Christus kam in die Welt, damit alle Menschen „Leben haben und es in Fülle haben“, oder in einer anderen Übersetzung, damit „sie leben können und im Überfluss finden, was sie brauchen“ (Joh 10, 10). Was ist dieses „Leben in seiner Fülle“? Wo findet es statt? Wer lebt es denn? Ich sehe zwei Formen seiner Zerstörung in unserer Welt, *äußere Armut und innere Leere.*

Leben in seiner Fülle ist in der absoluten erzwungenen Armut unmöglich. Aber auch innerhalb der Ersten reichen Welt gibt es wenig erfülltes Leben und stattdessen eine sich immer weiter ausbreitende innere Leere. Nicht materielle Verelendung, sondern psychische Leere schiebt sich hier zwischen Christus und die Mittelklasse der Ersten Welt.

Im Evangelium steht die Geschichte von dem reichen Jüngling, der scheinbar die Fülle des Lebens in Gestalt vieler Güter besitzt und der doch von der inneren Leere seines Lebens eingeholt wird. Es geht ihm gut. Er hat, was er braucht, und noch viel mehr. Aber er fragt über dieses Haben und Zufriedensein hinaus: Was soll ich tun mit meinem Leben? Was kann ich tun, damit mein Leben eindeutiger, radikaler, unzersplittert, ohne Kompromisse ist? Wie komme ich aus der Halbheit meiner Existenz heraus?

Ich habe einen Brief gesehen, der von einem Bruder des reichen Jünglings stammen könnte, einem normalen Menschen aus der weißen europäischen Mittelklasse. Dieser Mann schreibt:

„Ich bin 35 Jahre alt, Beamter in guter Position, verheiratet. Wir haben zwei Kinder. Unsere Ehe ist soweit harmonisch. Mit den Kindern geht es gut. ich habe alles, was ich brauche, einen sicheren und gutbezahlten Beruf, daheim ist alles in Ordnung. Aber in der letzten Zeit fühle ich mich trotzdem nicht wohl. Ich fühle mehr und mehr mein Leben leer. Mir fehlt etwas, aber ich weiß nicht, was. Manchmal denke ich, dass ich alles hinschmeißen und abhauen sollte. Aber dazu habe ich keine Kraft. Man kann ja nicht alles aufgeben, was man sich aufgebaut hat.“ Der Brief endet mit der Frage: „Was soll ich tun?“

Ich sehe diese beiden Gesichter vor mir, den Beamten aus Westdeutschland und den reichen Jüngling aus dem Neuen Testament. Sie haben alles, was sie brauchen, und doch fehlt ihnen alles. Sie gehören nicht zu den harten männlichen Erfolgstypen, sie sind nicht brutal, eher schwächlich. Sie haben ihre Stellung und ihren Reichtum nicht erworben, indem sie getötet und gestohlen haben, indem sie andere Menschen verleumdet oder mit Tricks ausgebootet haben. Sie sorgen wahrscheinlich für ihre Eltern und misshandeln ihre Frauen nicht. Sie sind höflich und allen Radikalismen abgeneigt. Beide wollen etwas mit ihrem Leben, sie wollen das Ewige Leben erwerben. Sie wollen ganz sein, unzerstückelt leben und etwas von dem Glanz der Fülle widerspiegeln. Aber ihr Leben hat keinen Glanz. Es leuchtet nicht. Da ist die Leere, und dahinter sitzt der gestreckte Tod.

Der Evangelist Markus sagt, dass Jesus den reichen Jüngling ansah und ihn lieb hatte (Mk 10, 21). Jesus will ihn und uns alle zu mehr Leben verlocken als zu dem, was wir bisher haben. Auch dieser reiche junge Mann könnte zur Fülle des Lebens kommen. Er weiß sogar, dass ihm etwas fehlt, dass er mehr vom Leben zu erwarten hat. Und doch ist etwas grundfalsch an seiner Idee vom Ewigen Leben. Er meint: Ich habe alles, und ich habe mich an alle Vorschriften gehalten, nur noch eins fehlt: der Sinn des Lebens, die Erfüllung. Wenn das noch dazukommt, ist alles gut.

Jesus kehrt diese Erwartung um: Du hast nicht zu wenig, sondern zu viel. „Verkaufe alles, was du hast, und gib es den Armen. Dann komm und folge mir nach. So wirst du einen Schatz im Himmel haben“ (Mk 10, 21).

Viele Menschen in der Mittelklasse sind heute auf der Suche nach einer neuen Spiritualität. Sie wollen zu dem, was sie schon haben, Ausbildung und Beruf, Erziehung und gesichertes Einkommen, Familie und Freunde, noch etwas mehr haben. Die religiöse Erfüllung, der Sinn des Lebens, die Speise der Seele, der Trost – das alles soll zusätzlich zur materiellen Sicherheit noch dazukommen. Eine Art religiöser Mehrwert für die, die eh schon überprivilegiert sind. Sie suchen die geistliche Fülle des Lebens zusätzlich zur materiellen, den Segen von oben zusätzlich zum Reichtum.

Aber Jesus weist diese fromme Mittelklassenhoffnung zurück. Die Fülle des Lebens kommt nicht, wenn du schon alles hast. Wir müssen erst leer werden für Gottes Fülle. Gib das weg, was du hast, gib es den Armen, dann hast du gefunden, was du suchst. Die Geschichte vom reichen Jüngling endet in Trauer. Trauer bei dem jungen Mann, denn er ist sehr reich und geht davon. Vielleicht wird er depressiv, vielleicht wird er demnächst anfangen zu trinken, vielleicht wird er einen Autounfall produzieren. Er hat sich von Jesus nicht zu mehr Leben, zur Fülle des Lebens, zum Verteilen des Lebens verlocken lassen.

Die psychische Leere der Reichen ist Folge der wirtschaftlichen Ungerechtigkeit, von der sie profitieren. Wir haben ein System gewählt, das auf Geld und Gewalt aufbaut. Der reiche Jüngling wir in Depressionen verfallen. Er kann nichts an seinem Leben ändern, er kann sein Leben nur sichern. Er wird es immer sicherer machen müssen, damit man ihm nichts wegnehmen kann.

Jesus hat versucht, dem reichen jungen Mann den Bruch mit der eigenen Welt, mit ihren Anschauungen und Werten und mit der eigenen sozialen Klasse der Privilegierten nahe zu legen. Christus stellt uns vor die gleiche Frage: Wie lange werden wir noch in der Ausbeutungs- und Unterdrückungsordnung dieser Welt mitmachen, Nutznießer und Komplizen des Systems sein, das beherrscht ist von dem „Dieb, der kommt, um zu stehlen, zu töten und zu verderben"? Für mein eigenes Land ist diese Frage heute ein wenig leichter zu beantworten als noch vor drei Jahren.

Ich muss ehrlich sagen, ich hätte nicht gedacht, dass aus traditionellen Kirchen, die ich oft als ein Grab Christi empfunden habe, so viel Befreiung und Leben hervorgehen kann. Aber Gott schafft sich aus Steinen Söhne und Töchter, die zum Frieden anstiften, und warum nicht auch aus den Gemeinden?

Vor einigen Jahren haben sich viele der nachdenklichsten Menschen, die ich kenne, in die Dritte Welt gesehnt, weil die Kämpfe dort klarer, die Fronten eindeutiger, die Hoffnungen unmittelbarer sind. „Ich wünschte, ich wäre in Nicaragua", schrieb mir ein Student, „da wäre das Leben als Christ möglich." Vielen von uns erschien es so, als könne man Christus nur an der Seite der Armen finden und nicht im Kontext der Ersten Welt. ich vermute, in dieser Sache hat sich etwas geändert. Wir leben nicht in El Salvador, aber unter der Herrschaft der NATO. In ihren Planungsbüros wird über unser Leben und das anderer Völker entscheiden. Dort werden die falschen Götzen angeboten, und dorthin gehört unser Kampf. Unsere historische Aufgabe ist der Kampf für den Frieden und gegen den Materialismus. Das ist unsere Teilnahme an den Befreiungskämpfen der Dritten Welt. Niemand, der sich mit den Armen verbunden fühlt, hat heute noch Grund zu verzweifeln und sich in sinnlose Akte der Zerstörung und der Selbstzerstörung zu stürzen. Seit der neuen Hochrüstung, die die Gewaltherrschaft des Terrors verewigen soll, wissen wir, wo unser El Salvador ist. Unser Vietnam. Unser Soweto. Unser Befreiungskampf und unsere Konversion von Geld und Gewalt zu Gerechtigkeit und Frieden. Paulus nennt die „Fülle des Lebens" auch „die Klarheit Gottes, die sich in uns allen spiegelt mit aufgedecktem Angesicht" (2 Kor 3, 18), und diese Klarheit finden wir in den Gesichtern, die sich zur Gerechtigkeit und zum Frieden bekehrt haben.

Viele Christen meinen, Gewaltfreiheit sei nur im Reich Gottes möglich, auf Erden seien Krieg und Armut gegeben. Aber wer so denkt, trennt Gott von seinem Reich und wünscht sich, wie der reiche Jüngling, ein ewiges Leben ohne die Gerechtigkeit und eine Fülle des Lebens ohne die Liebe. Das ist ein Unding. Der Reichtum des Menschen liegt in seinen Beziehungen zu anderen, in seinem Dasein-für-andere. Die Fülle des Lebens wird nicht weniger, wenn wir sie miteinander teilen, sondern sie vermehrt sich so wunderbar wie fünf Brote und zwei Fische sich vermehrten. Christus befreit uns von der das Leben fressenden Armut und von der das Leben aufsaugenden inneren Leere in eine neue Gemeinschaft hinein, in der wir einander nicht mehr Gewalt antun müssen, sondern einander glücklich machen können. Wir sind eins geworden mit der lebendigen Liebe und brauchen das ewige Leben nicht mehr auf eine andere Zeit als die unsere zu verschieben.

Es gibt einen Text bei dem Propheten Jesaja, der von der Fülle des Lebens spricht, von seiner Schönheit und seiner Wahrheit:

Löse die Fesseln der Ungerechtigkeit
Sprenge die Bande der Gewalt
Gib frei die Misshandelten
Jedes Joch sollt ihr zertrümmern
Brich dem Hungrigen dein Brot
Die Obdachlosen führe in dein Haus
Wenn du einen nackt siehst, so kleide ihn
Entzieh dich nicht deinen Brüdern.
Dann wird dein Licht hervorbrechen wie die Morgenröte
Deine Heilung wird schnell wachsen,
Deine Gerechtigkeit wird vor dir hergehen
Und die Herrlichkeit des Herrn dir folgen
Dann wirst du einen Namen bekommen, der heißt
„Der die Risse vermauert" und
„Der Trümmer zum Wohnen wiederherstellt".
(Jesaja 58, 6–12)

Der Text spricht vom Reichtum des Lebens. Spar dich nicht auf, sagt er. Deine Fülle wächst mit deiner Verschwendung. Es ist der Reichtum, ein Mensch zu sein, von dem dieser Text spricht, nicht der, etwas zu haben. Reichtum, der im Haben besteht, sichert sich durch Besitz, Stand und Privilegien. Es ist ein Reichtum, der dadurch zustande gekommen ist, dass andere arm gemacht worden sind. Der reiche Mensch, von dem Jesaja spricht, der mit dem Hungrigen das Brot teilt und mit dem in der Depression das Gespräch, ist reich nicht im Sinne des Habens, aber im Sinne der menschlichen Beziehung. Diese Frau hat viele Freunde. Es ist nicht ein innerer Reichtum gemeint, bei dem man über die äußere Unfreiheit und Armut einfach hinwegsehen könnte. Der reiche Mensch, wie Jesaja ihn sieht, nimmt Unrecht, Unterjochung, Zerstörung von Leben in der Gesellschaft wahr. Aber sie findet sich nicht damit ab. Ihr Leben hat eine Richtung, eine klare Tendenz, und sie geht darauf, dass alle einen Namen bekommen. Reich in diesem Sinn ist ein kleines Land wie Nicaragua, in dem aus Mangel Fülle gewachsen ist. Reich wird, wer Brüder und Schwestern gewinnt.

Jesaja spricht nicht zu Befehlsempfängern, die Aufträge bekommen. Er rechnet mit dem starken, dem reichen Menschen, der in der christlichen Tradition so oft verleumdet und kleingemacht worden ist. Aber der Prophet zählt auf solche Menschen, und er verlockt zur Schönheit eines wirklichen, eines erfüllten Lebens.

Das Evangelium – und unser Text ist reines Evangelium – ist schön. Es verspricht ein Leben ohne Verachtung des anderen und ohne Verachtung meiner selbst. Ein Leben ohne Zynismus, ein Leben ohne Angst, ein reiches Leben, in dem jede Stunde zählt. „Dann wird dein Licht hervorbrechen wie die Morgenröte." Wo du verwundet bist, da wird die Haut schnell zuwachsen. Selbst in der Banalität des Alltags, in der wasserlosen Dürre der versteinerten Verhältnisse wird „deine Seele sich sättigen". Und nichts wird sinnlos sein. „Dein Dunkel wird sein der helle Mittag."

Wenn ich diesen Text höre, werde ich nicht unter neue Forderungen gestellt – die Forderungen sind alt und bekannt –, sondern ich werde zum Leben in seiner Fülle verlockt. So kann man leben, so will ich sein. So soll über mich gedacht werden, einen solchen Namen will ich gewinnen. Wenn ich den Text höre, weiß ich wieder: Wir sind stark, wir vermögen etwas, wir sind nicht entbehrlich. Wir müssen nicht das ganze Jahr über singen, dass mit unserer Macht nichts getan ist und dass wir verloren sind. Wir haben ein neues Lied: „Dann wird dein Licht in der Finsternis aufgehen, du wirst sein wie ein bewässerter Garten und wie ein Wasserquell, dessen Wasser nie versiegt." So soll es sein, so wird es sein. Ich werde einen Namen haben, ich werde Antwort bekommen, ich werde nicht mehr ein hilfloses, ängstliches Wesen sein, vielmehr wird die Wahrheit der Welt, der Sinn des Lebens offen zutage liegen. „Siehe, hier bin ich“, sagt Gott in diesem Text, nicht weit fort, nicht später einmal oder früher bei glücklicheren Völkern, sondern hier ist der Sinn des Ganzen: Entzieh dich nicht deinen Brüdern, dann wird dein Licht hervorbrechen wie die Morgenröte.

Das Christentum sagt nichts, was nicht auch an anderen Stellen der Welt zu hören wäre. „Wenn du aus deiner Mitte entfernst die Unterdrückung …“ Nur formuliert es zugleich ein endliches Versprechen: Nichts ist sinnlos.

Teresa von Avila sagte: „Der ganze Weg zum Himmel *ist* Himmel.“ An keiner Station dieses Weges, er mag in noch so große Dunkelheit führen, bist du allein. Wenn du dich auf die Bewegung der Liebe einlässt, wird deine Kraft gestärkt. Dein Reichtum wächst, je mehr du teilst. Wo immer du dich auf die Bewegung der Liebe einlässt, da ist die Liebe bei dir, die Fülle des Lebens.

Schönheit

Das Staunen ist der Anfang aller Philosophie. Aber auch zu unserer Alltagserfahrung gehört das Staunen. Ich erinnere mich daran, wie mein erstes Kind die Uhrzeit lernte und eines Tages in höchster Freude ausrief: „Schau, Mama, was für ein wundervolles Fünf-vor-halbsieben!“ Vielleicht sind Kinder die größten Vermittler des Staunens. Ihnen ist nichts zu trivial und alltäglich. Sei befreien uns aus unserer banalen und stumpfsinnigen Wiederholungssicht, in der alles schon dagewesen ist. Ja sagen zur Schöpfung heißt eintreten in die Freiheit des Staunens und Entzückens. „Siehe, ich mache alles neu“ ist ein Satz aus der Endzeiterwartung, aber er knüpft an die Ursprungszeit an, in der wir etwas neu, zum ersten Male wahrnehmen. Kein Ding wird einfach als verfügbar, brauchbar und gegeben hingenommen. Der „kaputte Typ“ wird entgegnen: „Was ist denn daran so besonders? Das ist doch immer so gewesen!“ Seine Fähigkeit, alle Dinge trivial zu machen, ist weitaus größer als seine Fähigkeit zu staunen. Er ist in seinem Empfinden verkrüppelt, sein Geist ist „trocken", wie die Mystiker sagen, ohne Tränen und ohne belebendes Wasser. Aber dieser kaputte Typ ist ja nur die Kehrseite des erfolgreichen Managers, der auf seine Weise ein Verhältnis zur Schöpfung, die zur bloßen „Umwelt" reduziert ist, unterhält. Das im abendländischen Theismus ausgebildete Verhältnis zur Schöpfung beruht auf Herrschaft über die Natur, die wie eine Art Kolonialgebiet betrachtet wird. Ein pantheistisches Staunen ist diesem Stoff gegenüber gar nicht angezeigt. Die Herrschaft als Grundattitüde hat die Ehrfurcht ersetzt, ja zerstört. Die Schöpfung hat nicht mehr mit dem Ursprung des Seins zu tun, sondern nur noch mit der Umwelt, wie ein zentrales imperialistisches Stichwort unserer Tage lautet. In dem Versuch, sich von der Natur zu emanzipieren, ist die Sorge um die natürliche Welt untergegangen und wird auch in einer zur totalen Privatsache verkümmerten Religion nicht mehr zum Thema.

Kinder und Künstler sind Lehrer einer Spiritualität der Schöpfung. Sie setzen die geschaffenen Dinge in eine neue Verbindung zueinander, sie verwandeln das Alltägliche in ein Wunder und das Vorhandene in ein Geschaffenes. Durch sie verlernen wir unsere trostlose Trivialität, sie lehren uns das freudige Erstaunen. Wir nehmen die Magnolie wieder wahr, als sähen wir sie zum ersten Male. Wir lernen einen anderen Blick.

Ein wesentliches Element für eine Spiritualität der Schöpfung ist die Fähigkeit, Schönheit wahrzunehmen. Menschen sind zu einer zweckfreien Anschauung der Dinge imstande, die wir ästhetisches Wohlgefallen nennen. Nimmt man das Verbum „wahrnehmen" wörtlich, dann zeigt sich, dass Wahrnehmung etwas mit Wahrheit zu tun hat. Die Wahrnehmung des Schönen verlockt uns zur Wahrheit. Wenn nach den Worten des Dichters William Blake „die Tore der Wahrnehmung gereinigt sind", dann bekommen wir mehr zu Gesicht und werden der geschaffenen Welt auf andere Weise gewahr. Die Dinge erscheinen nicht länger als verfügbare tote Materie, sondern als lebendige, wachsende Organismen. Im ästhetischen Sinne sind wir alle Animisten, die glauben, dass allem eine lebendige Seele innewohnt. Wahrnehmung des Schönen bringt die Gegenstände unserer Anschauung zum Reden. Es entsteht ein Dialog zwischen dem Betrachter und dem ansonsten in unserer Kultur als unbelebt geltenden Gegenstand. Im Gespräch mit der Sonne oder dem Baum begreifen wir den Zusammenhang der Schöpfung, und vielleicht erblicken wir sie so, wie Gott sie sah, als er am Anfang sprach: „Siehe, es ist sehr gut!" Das hebräische Wort für gut – tow – hat auch die Bedeutung von schön. Also sprach Gott bei der Erschaffung der Welt: „Siehe, alles ist sehr schön!" Die Schöpfung lieben heißt ihrer Schönheit gewahr werden, auch dort, wo wir sie am wenigsten erwarten. Ästhetische Erziehung, die unsere Wahrnehmungsfähigkeit erweitert, ist kein elitärer Luxus, sondern eine kulturelle Notwendigkeit für jedermann. Glaube an die Schöpfung schließt ästhetisches Empfinden ein. Man kann Gott nicht lieben, wenn man kein Gespür für Schönheit hat.

Was ich lieber nicht sehen möchte

„Bach lieben in der Folterwelt" hatte ich einen Vortrag anlässlich der Nürnberger Orgelwochen genannt.

Die Einladung hatte mich in ein Dilemma gestürzt, das für mein Leben typisch zu sein scheint. Als ich an dem erbetenen Vortrag über Bach zu arbeiten begann und versuchte, mich ein wenig in der musikästhetischen Literatur zur Sache umzusehen, erhielt ich einen Anruf von Freunden, die mit chilenischen Flüchtlingen zusammenarbeiteten. Sie baten mich, im Rahmen einer europäischen Delegation nach Santiago zu fliegen, um mich dort an Ort und Stelle über den Hungerstreik der Angehörigen von Verschollenen zu informieren. Ich war sehr unsicher, was ich tun sollte: am Schreibtisch bleiben, das Leiden, die Kunst und die Theologie meditieren, oder nach Santiago fliegen, um bei denen zu sein, die gefoltert worden sind oder drauf warten, dass einer, der gefoltert worden ist, vielleicht doch noch zurückkommt. Es stellte sich dann für mich heraus, dass ich diese Bitte nicht abschlagen konnte, und so hielt ich den Vortrag in Nürnberg als jemand, der in einem akademischen Sinn des Wortes vielleicht weniger vorbereitet war, in einem existentiellen aber vielleicht mehr.

Ich reflektierte die Frage der uns heute so oft aufgezwungenen Entscheidungen zwischen Religion, Politik und Kultur. Ich versuche mein Leben in der Anteilnahme zu erhalten, und dazu hilft mir Musik wie kaum etwas anderes. Ich will mich nicht entscheiden: Wie kann ich Bach lieben und mich jemals, auch nur einen Tag lang, an die Folter gewöhnen, und sei es auch nur in der Form des Vergessens?

Die SS-Führer in Auschwitz hörten Beethoven, wenn sie vom Vergasen nach Hause kamen. Das war kein Widerspruch für sie, kein Problem, das waren eben verschiedene Ebenen. Das Beispiel mag extrem sein – aber ist nicht diese Trennung, dieses „Eins nach dem andern“, diese Einteilung eines der tiefsten Charakteristika unserer Kultur? Ich verzweifle immer mehr an dieser Kultur der Trennung, der Separation, der Unversöhntheit.

Wenn der Separatismus der Lebensbereiche ein Charakteristikum bürgerlicher Kultur ist, so könnte das neue nachbürgerliche Interesse gerade darin liegen: beide, die Kunst und die Religion, aus ihrer subjektivistischen Privatisierung zu befreien und wieder zu Medien der Kommunikation und der kollektiven Erinnerung zu machen. Theologie, Kunst und Musik arbeiten an dem archaischen Versuch, über unsere wichtigsten Angelegenheiten nicht zu verstummen, sondern miteinander zu kommunizieren. Beide, Theologie und Musik, nehmen dem Leiden seine Stummheit, sein Abgeschnittensein, seinen tierischen oder versteinernden Charakter. Beide rühren uns zu Tränen.

In einem bestimmten Sinn ist meine Rede eine Fortsetzung des berühmten Essays von Theodor W. Adorno „Bach gegen seine Liebhaber verteidigt“ von 1951, der einen Versuch darstellt, Bachs Werk dem kulturellen Konservatismus der fünfziger Jahre zu entreißen. An Bach, so schreibt Adorno, „halten sich alle, die, des Glaubens wie der Selbstbestimmung entwöhnt oder ihrer nicht mehr fähig, nach Autorität suchen, weil es gut wäre, geborgen zu sein". Ich verstehe diese Kritik an der Rezeption eines „neureligiösen Bach" nicht als prinzipiell religionskritische Bemerkung, sondern Adorno als einen Kritiker inhaltsloser Religiosität, die autoritätsgläubig und geborgenheitssüchtig gerade das, was Religion bedeutet, in einer vom eigenen Verhalten ganz abgespaltenen Feierlichkeit zelebriert.

Bachs Frömmigkeit gehört in den von Luther herkommenden Wärmestrom des Protestantismus, in dem die Kirche als Institution nicht im Mittelpunkt steht. Lutherisch ist seine Frömmigkeit im Verständnis des Leidens. Die Arienmonologe und Rezitative in der „Matthäuspassion" sind von höchster musikalischer Expressivität; sie geben dem knappen biblischen Text die eigentümliche Tiefe des Gefühls: Scham, Reue, Trauer, Schmerz, Freude tauchen auf.

Gerade an dieser Stelle liegen für eine heutige existentielle Aneignung die größten Schwierigkeiten. Die Arien sind als zentrales Element musikalisch absolut notwendig, aber was tun sie, in Stimme und Instrumentierung oft von einer betörenden Süße, der Passion und dem Drama an? Nehmen sie nicht dem Schmerz, dem Leiden, dem Sterben genau *die* Realität, ohne die nichts, aber auch gar nichts angeeignet werden kann von dem, was die Geschichte vom Liebestod Jesu unter der Tortur des Imperiums wirklich bedeutet? Müssen wir nicht nur Bach gegen seine Liebhaber verteidigen, sondern auch Christus gegen seine Verharmloser, die sich Bachs bedienen?

Mir ist es beim Anhören der „Matthäuspassion" immer wieder so gegangen, dass ich mich dabei ertappte, etwas zu suchen, als wäre da noch eine andere erst zu benennende Dimension im Spiel, als forderte mich diese Musik zu einer Ergänzung heraus, zu etwas, das sie nicht mitbringt, aber von mir verlangt. Als sei die „Matthäuspassion" von JSB unvollendet, weil wir nicht nachkommen, ungenießbar, weil wir ihre Frucht nicht aneignen können, ehe wir den Weg mit unseren Stationen gegangen sind.

Im Hören werde ich ein Teil der Geschichte, ich schreie in Empörung mit den Jüngern: „Lasst ihn! Haltet! Bindet nichts!“, ich höre, und mein inneres Auge wird geöffnet. Was tut diese Musik mit mir? Sie bewegt mich, sie rührt mich an, *movere,* und sie belehrt mich, *docere,* sie führt mich in die Realität. O Mensch, bewein deine Sünde groß. Diese Musik tut beides mit mir, *movere* und *docere,* sie macht mich fühlen und sehen, was ich nicht fühlte und lieber nicht sehen wollte.

Brief an den erbauer der grazer wendeltreppe im himmel

Maestro
ich wäre glücklich ihre hände zu berühren
es schreibt ihnen ihre dankbare schülerin
meine architektonische fantasie war unentwickelt
doppelwendel das wort war mir noch nie zu ohren gekommen
vergessen hat ich wie unschön es ist
eine treppe hintereinander hinaufzuwandeln
ich dachte eben nur an mich was hab ich denn sonst gelernt
an mich allein unter und über den steinen
maestro
mein jahrhundert ist schrecklich
die baukunst ist von der kunst zu lieben getrennt
da haben sie mich nach dreihundert jahren erleuchtet
jetzt wird mir hell beim hinaufgehen
zu zweit fangen wir an und trennen uns bald
von ihnen belehrt drehen wir uns um uns selber
doch nicht wie befürchtet für ewig
wir kommen wieder zusammen
maestro
genießen die andere seite des turms
die aussicht und unsern schönen schwung
sanft von den stufen gezogen
eine drehung nach rechts eine wendung nach links

ein langsamer tanz aus steinen
wir gehen uns verloren wir finden uns
so kommen wir höher hinauf
maestro
in meinem schrecklichen jahrhundert
gibt es wenig gelegenheit einen Mann zu verehren
wir verstehen die männer zu schnell
aber für sie hab ich sieben tage gebraucht
um auch nur zu ahnen welches problem sie lösen wollten
es ist meins wie eh und je
sich trennen und sich finden
maestro
kommen
und das zusammen
ich küsse ihre beiden hände
ich bin glücklich
über die erotische belehrung
im medium stein
und ich hab nicht den geringsten zweifel
hinsichtlich der adresse dieses briefes

Der schottische richter nigel thomson

Der schottische richter nigel thomson
verurteilte eine ladendiebin
zum kuchenbacken
ein halbes jahr lang soll sie
jeden monat einen kuchen
groß genug
für vierundzwanzig rentner im altersheim backen

Das urteil des richters ist weise
weil es zum nachdenken bringt
über den wunsch geliebt zu werden
und die seltsamen wege zu seiner erfüllung
es ist eine ästhetische lösung
weil die strafe sinnlich bleibt und der tat verbunden
auch lehrt sie uns
die hässlichkeit von geld und haftstrafen
besser erkennen
es ist ein heiteres urteil
weil es uns heiterer macht

Der ungewöhnliche richter aus edinburg
hat die weisheit
die schönheit
und die heiterkeit der welt
im mai 1978
geringfügig vermehrt

Sagte das einer von dir oder mir
wir hätten gut kuchen essen

Was hast du getan wird der engel mich fragen

In diesem november
habe ich zwei vorurteile korrigiert
das gegen amerikanische e-musik mit hilfe von samuel barber
und das gegen blumen aus seide draht und papier

Ich habe mich rühren lassen
im rahmen dessen was vorgesehen ist für meine klasse
ich habe mich an dem luxus erfreut
den mädchen in hongkong herstellen unterernährtes
die in handarbeit blumen anfertigen nichts essbares

Nenn es nicht gottlos ich sterbe bald
die internationale arbeitsteilung
blumenmacher und blumenfreunde
unter- und überernährte
spieler und hörer
nenn es nicht gottlos ich bitte dich
außerdem lass mich doch aufzählen
wie viel prozent meiner zeit meiner kraft
meines geldes meines ansehens ich ins notwendige stecke
die fehlende zwischenrolle in der kette der ausbeutung
ich spiel sie
sei nicht noch trauriger engel
ich brauche ästhetik
wie du deine flügel
geh nicht weg frag mich wenigstens noch
glaub mir jede seidene blume und jeder ton
macht uns stärker
mut kommt nicht aus bomben
er wächst aus schönheit

Was tust du fragt mich der engel

Der männliche Erlöser – Kritische Fragen und Antworten

Ich möchte versuchen, die verschiedenen, sich oft überschneidenden Ansätze der Kritik zu benennen und sie in sechs Punkten zu systematisieren. Ich stelle mir das so vor: Wir haben hier Zeuginnen der Anklage eingeladen, sechs sehr verschiedene Frauen, die die traditionelle Lehre anklagen. Ich persönlich – um das gleich vorweg zu sagen – sitze neben dem Angeklagten als Verteidigerin und möchte also diese Rolle auch nicht verschleiern, aber ich höre zu, was diese Anklägerinnen zu sagen haben.

Ich habe das in verschiedenen Fragen formuliert, sie heißen:

Kann eine historische Gestalt Universalität beanspruchen?
Kann ein männlicher Erlöser Frauen erlösen?
Wächst das Heil aus einem blutigen Menschenopfer?
Wie einzigartig ist Christus?
Tendiert jede Christologie zum Fundamentalismus?
Und: Ist jede Christologie notwendig antijudaistisch?

Es liegt eine gewisse Steigerung hier vor: der letzte Punkt ist der, der mich am tiefsten immer wieder bewegt hat. Und da finde ich auch, dass unsere Aufarbeitungsversuche, die aus der Geschichte des 20. Jahrhunderts und unserem Land hier stammen, noch am wenigsten gegriffen haben. Etwa im Gegensatz zu zwei anderen theologischen Begriffen, der eine ist der der Sünde, der sich – glaube ich – wirklich verändert hat, mit der Hilfe vieler Theologinnen und einiger Theologen und der Befreiungstheologie. […]

Kann eine historische Gestalt Universalität beanspruchen? Und meine erste Zeugin der Anklage ist eine aufgeklärte Historikerin, die in der Sprache Lessings sich fragt, wieso wir in unserer Tradition die zufällige Geschichtswahrheit des zweifellos sympathischen Nazareners zu einer notwendigen Vernunftwahrheit des Christus verabsolutiert haben. Das ist alles die Sprache Lessings. Es ist also eine aufklärerische Frage. Die Person, die Rolle und Funktion Christi oder traditionell gesprochen: seine Person und seine Ämter sind nicht nur aus feministischer Perspektive problematisch; es ist aus jeder neuzeitlich aufgeklärten Sicht schwierig zu akzeptieren, dass eine historische Person, die vor zweitausend Jahren öffentlich aufgetreten ist, ein für allemal das Heil vermittelt haben soll und die exklusive Inkarnation Gottes ist. Anstoß erregen die dogmatischen Setzungen von der Endgültigkeit und Universalität des Heils in und durch diesen einen Menschen Jesus von Nazareth, weil sie die katastrophalen historischen Folgen für alle, die sich der Vorstellung, dass diese partikulare Person männlichen Geschlechts exklusiv und universal heilsrelevant sein soll, nicht unterordnen wollten, nicht sehen.

[…] Ich will gleich sagen, dass für mich, die ich eine Kritikerin der Postmoderne bin, nicht alle Universalismen tot sind – vielleicht geraten wir darüber auch noch in Streit, das weiß ich noch nicht genau. Ich denke, dass es einige Dinge gibt, die in der Tat universal sind: das Geheimnis des Lebens, das wir mit diesem merkwürdigen Wort *Gott* benennen, dass das Leben selber, das Kommen und Gehen, das Geborenwerden und Sterben universal sind, meiner Ansicht nach auch die Liebe und die an ihr Anteil haben, wie auch Christus, der an der Liebe Anteil hat. Aber der Zwang zu einem, alle anderen ausschließenden Symbol zerstört gerade die Allgemeinheit für alle Menschen, die es zu retten meint. Das ist ein Selbstwiderspruch in dieser merkwürdigen These, dass eine historische Gestalt Universalität beanspruchen will.

Zweitens: Kann ein männlicher Erlöser Frauen erlösen? Geht das überhaupt? Die zweite Zeugin der Anklage ist eine Radikalfeministin. Sie hält alle Christinnen für hoffnungslos patriarchatshörig, weil sie immer noch drin bleiben in diesem Laden. Christlicher Glaube bedeutet für sie den symbolischen Triumph des Männlichen, Christus, über das Weibliche, Eva, in der Gestalt dieses endgültigen Erlösers. Die Androzentrik der biblischen Schriften, also die Tatsache, dass immer von Er, dem Menschen, den Freunden Jesus geredet wird und nie von den Freundinnen – das ist zunächst ein Sprachphänomen –, das hält sie für unausrottbar, während viele andere, zu denen ich auch gehöre, da revisionistisch vorgehen und verbessern, was da nicht klar genug gesagt worden ist in dieser androzentrischen Sprache.

Feminismus und Christologie sind also für sie unvereinbar. Die symbolische Repräsentanz des Männlichen gehört für sie ins Herz der Sache. Andere, darunter die von mir sehr geschätzte Rosemary Ruether haben gesagt: Ja, ein männlicher Erlöser kann Frauen erlösen, weil Christi Fähigkeit, uns zu befreien, nicht auf seinem Mannsein beruht, sondern ganz im Gegenteil darauf, dass er dieses Herrschaftssystem ablehnte und in seiner Person die neue Menschlichkeit verkörpern wollte, die auf Dienstbarkeit und gegenseitiger Vollmacht beruht.

Dieses Argument möchte ich unterstützen, und ich frage Mary Daly und andere Radikalfeministinnen postchristlicher Art, ob sie nicht unter derselben Krankheit wie der Papst leiden, wenn sie das Mannsein Jesu zum Hauptmerkmal des Erlösers machen. Der Vatikan hat die Zulassung von Frauen zum Priesteramt immer wieder abgelehnt mit dem Hinweis, dass zwischen Christus und dem Priester, zwischen Urbild und Vertreter, das ist die Version, die ich teilen würde, zwischen Sein und Symbol eine physische Ähnlichkeit bestehen müsse. Nach der krausen Bio-Ontologie dieses Herrn in Rom besitzen Frauen diese Ähnlichkeit nicht. Die muss wohl in den Geschlechtsorganen begründet sein. Ich verstehe das nicht, aber er denkt halt so. Ich dachte immer, die Geschwisterlichkeit Jesu, seine Gerechtigkeit, die Gnade Gottes, die auf seinem Gesicht strahlte, das wäre das, was wir Gnade nennen. Das wäre das, was ihn als Kind Gottes auswiese und nicht sein Mannsein, wieso ist das die Hauptsache. Es ist eine zufällige Erscheinungsform – die Maskulinität ist nicht das Zentrale an Christus.

Meine dritte Anklägerin fragt: „Wächst das Heil aus einem blutigen Menschenopfer?" Es führt uns tiefer in komplexere Zusammenhänge. Ich stelle mir diese Zeugin der Anklage vor als eine Psychotherapeutin, die vor allem am Kreuz Christi Anstoß nimmt. Der Sohn Gottes, so wundert sie sich, musste Foltern ertragen und qualvoll am Kreuz sterben, um die Menschen von ihren Sünden zu erlösen. Wie der sitzende Buddha für viele Asiaten das Zentrum ihres friedlichen Glaubens verkörpert, so ist das Kreuz mit dem sterbenden Jesus die wichtigste Ikone für die Christen. Ihr Heil erwächst aus einem blutigen Menschenopfer. Welch eine Religion, die einen Gott preist, der seinen Sohn für die Sünden der Menschheit kreuzigen lässt. Gott, der dieses Unternehmen geplant und veranstaltet hat, ist ein Sadist. Das ist ja klar aus dieser Beschreibung. Jesus und die ihm nachfolgen sind Masochisten. So diese populartiefenpsychologische und psychologische Deutung der Passion. Das Kreuz wird zum Ausdruck von Nekrophilie und Gewaltverklärung. Recht hat die Anklage, glaube ich, insofern sie eine Theologie der Sühne und des Blutopfers als Henkerstheologie kritisiert. [...] Die Vorstellung, dass Gott hinter der Gewalt steht, die Jesus zu Tode foltert, ist radikal zu hinterfragen. Es heißt schon – gegen solche Sühnephantasien – beim Propheten Hosea: Liebe will ich, nicht Opfer. Und von hier aus sind die Ansätze sakrifizieller Deutungen, die sich auch im Neuen Testament finden, neu zu lesen. Ich glaube, wir kommen an diesem Punkt nur weiter, wenn wir Gewalt und Gewaltlosigkeit in unser Nachdenken über Christologie einbeziehen. Unrecht hat die allein auf das Vater-Sohn-Verhältnis bezogene psychologisch und symbolgeschichtlich orientierte Kritik des Kreuzes in ihrer Verleugnung jeder Realität. Das sage ich als jemand, der von der Befreiungstheologie herkommt, das heißt von dem Weiterleiden Jesu in der Welt, in Millionen von Gestalten, die wir kennen. Und es geht nicht um einen Vater-Sohn-Komplex oder eine umgekehrte Ödipus-Spielerei: „Vater killt Sohn“ statt „Sohn killt Vater“. Das ist nicht das Thema, meiner Ansicht nach. Ich glaube, wir sollten da weiter denken als die weiße Mittelklasse in unseren Ländern, die in der Tat dazu neigt, alle Probleme in den Rahmen ihrer Individualpsychologie einzuspannen. Und das ist ein Ausdruck dieser Sache. Als handele es sich bei der christlichen Religion vor allem um diesen umgekehrten Ödipuskomplex und nicht um das Imperium Romanum, das alle jüdischen Aufständischen als Terroristen kreuzigen ließ, darunter auch Frauen, jüdische und christliche.

Viertens: Wie einzigartig ist Christus?

Diese Zeugin der Anklage ist in meiner Phantasie eine demokratisch denkende und erziehende Lehrerin. Ihr Bewusstsein ist antiautoritär. Sie kritisiert das Heldenkonzept im elitär-exklusiv ausgelegten Christus. Was ist so einzigartig an ihm, fragt sie. Ist es überhaupt denkbar, dass ein Mensch als einzelner die Erlösung für alle bringt? Wer hat denn eigentlich ein Interesse an dieser Singularität Jesu? Diese Einzigartigkeit, diese Geschwisterlosigkeit, also etwa im katholischen Denken, wo ja die Geschwister Jesu zu Vettern gemacht werden. Das ist im Protestantismus etwas anders, aber nichtsdestotrotz hängt auch im Protestantismus eine Masse Einzigartigkeit ganz zentral um Jesus herum, statt ihn zu verstehen als jemanden, der sich nichts so sehr wünschte wie

Geschwister. Das ist doch das Naheliegendste von der Welt. Aber die Singularität, wenn sie so aufgeblasen wird, zerstört eigentlich gerade diese Geschwisterlichkeit. Ist Jesus denn mehr Christus, wenn er keine Geschwister hat? Hat nur sein Leben und sein Sterben diese befreiende, erlösende, mutmacherische Kraft? Warum können wir ihn nicht in eine Linie rücken, die bis zu Martin Luther King oder Sophie Scholl, bis zu Etha Ford oder Oscar Romero geht? Und führt nicht der Glaube an den Einen, der alles geleistet hat, was wir nicht können, notwendig zu den klassischen christlichen Verirrungen, die Dietrich Bonhoeffer billige Gnade genannt hat? Also er hat alles schon gemacht, was brauchen wir uns darum zu kümmern? Lass doch die Züge rollen nach Auschwitz. Christus hat uns ja erlöst. Dieser absolute Ausstieg aus der Geschichte.

Nun, über diese Zeugin gegen den Superstar bin ich eigentlich sehr glücklich. Ich möchte ihr Platz auf der Verteidigungsbank machen und sagen: „Genau, wir brauchen dich". Wir brauchen eine Revision der falschen Christologie, gerade im Interesse des lebendigen Christus. Ich möchte hier ein Zitat bringen von Carter Heyward, die auf einer Tagung in Hofgeismar 1995 gesagt hat: „Das Bild Gottes ist nicht und war niemals in irgendjemand von uns, nicht einmal in Jesus, denn eine einzelne, einsame Person hat die Welt nicht gerettet, tut es nicht und wird es nicht tun." Dazu braucht es etwas mehr.

Fünftens: Tendiert jede Christologie zum Fundamentalismus?

Die drei abrahamitischen Religionen – Judentum, Christentum und Islam – sind heute von innen tief bedroht durch die Fundamentalismen, die sich in ihnen entwickeln, also Wörtlichkeitszwänge, Ängste vor Auslegung, Abbau jeder Liberalisierung der Praxis. Das sind in allen drei abrahamitischen Religionen ähnliche Phänomene, die tatsächlich an die Substanz dieser Religionen zerstörerisch herangehen, wie ich denke.

Hier höre ich einer Philosophin zu, die in einer Auseinandersetzung mit dem postmodernen Bewusstsein steht. Sie ist überzeugt von der Notwendigkeit eines radikalen Pluralismus und kritisiert entsprechend jeden Meisterdiskurs – den gibt es nicht, den einen Diskurs, die eine biblische Geschichte, die eine Wahrheit, sondern alles das gibt es nur im Plural. Sie kritisiert das und sagt, das sind totalitäre Tendenzen, die andere Meinungen ausschließen und ausgrenzen oder diskriminieren. Christologie als die Lehre von dem einen Erlöser für die ganze Welt ist für sie, was sie immer schon in den monotheistischen Religionen vermutet, eine vernunftfeindliche autoritäre Setzung, die sich echter Kommunikation entzieht. Sie ist, egal ob androzentrisch oder feministisch artikuliert, nichts anderes als eine Art von Fundamentalismus.

Diese Frage finde ich schwierig, weil diese Tendenzen in der Tat in der traditionellen Christologie immer wieder artikuliert worden sind. Wir müssen sie hören, wir müssen daran weiterarbeiten.

Ich komme jetzt zu meinem letzten Punkt: Ist jede Christologie notwendig antijudaistisch?

Das ist für mich die wichtigste Zeugin der Anklage. Das sind die Menschen, die aus der jüdischen Tradition kommen. Es gibt einen inhärenten Antijudaismus jeder Beerbung und Besetzung der jüdischen Messiashoffnung durch die Christologie. Das sind nicht nur diese Formeln von alt und neu – Altes Testament, Neues Testament. Wir haben das neue, das alte ist vergangen – weg damit. Für mich ist es tatsächlich ein Kriterium des Christentums geworden, wie eine christliche Kirche mit der hebräischen Bibel umgeht. Nicht nur die deutschen Christen in der Nazizeit, sondern auch manche anderen meinen verzichten zu können auf die angeblich eben alte hebräische Bibel, statt sie als ein Ganzes zu lesen mit dem Neuen Testament. Das scheint mir ein Kriterium dafür, wo das Christentum völlig verrottet ist. Da redet es nur noch christozentrisch, christologisch: Er hat alles geschafft ein für allemal, wir brauchen nicht mehr weiter zu warten, ist ja alles schon geklärt. Und da kommt diese billige Gnade, von der Bonhoeffer wirklich klar gesprochen hat, heraus.

Ich finde diese gesamte Diskussion schwierig. Ich will dazu ein

Beispiel erzählen, das mich sehr bestürzt hat. Da sagte jemand bei einer Tagung, die Elie Wiesel zu Ehren stattfand: ob denn das Judentum mit dem Holocaust zugrunde gegangen sei? Ein jüdischer Theologe antwortete mit einem Satz, den ich nie vergessen habe, weil ich ihn nicht verwinden konnte: Nein, das Judentum ist nicht zugrunde gegangen, aber das Christentum. Ich wehrte mich leidenschaftlich. Dass das Judentum nicht zugrundegegangen ist durch die Ermordung von einem Drittel der europäischen Juden, sondern geistig, wie sich gerade in den letzten zehn Jahren mehr als zuvor gezeigt hat, wach, lebendig, produktiv ist, in der Bearbeitung der Katastrophe lebendiger als je oder als sehr lange, das war mir in den Gesprächen von christlich-jüdischer Zusammenarbeit schon lange klar. Aber dass das Christentum mit dem Ereignis der Shoa zu Ende sein sollte – und viele amerikanische Juden vertreten diese These: Es ist erledigt, darüber brauchen wir nicht mehr zu diskutieren – das wollte oder will ich nicht glauben. Meinen Sie auch Dietrich Bonhoeffer, fragte ich einen jüdischen Partner, der diese These vertrat. Meinen Sie auch die Bergpredigt? Er hörte die Frage, sah, welche Schwierigkeiten ich als Christin mit diesem Wort „zugrunde gegangen" haben musste. Meinen Sie auch Christus?, fragte ich ihn schließlich. Diese Antwort blieb er mir schuldig.

Ich glaube, es gibt Dinge, die man nicht durch Debattieren auflöst. Aber die Frage nach der Möglichkeit eines Christentums nach seiner größten Katastrophe, seinem größten Versagen, hat mich seit damals nicht mehr losgelassen.

Die jüdische Zeugin der Anklage führt das älteste theologische Argument gegen Christus als den Messias an: Solange Ausbeutung und Hunger, Krieg und Vergewaltigung herrschen, ist es sinnlos, von der endgültigen, unüberbietbaren, ein für allemal geschehenen Präsenz Gottes in Christus zu reden. Unser Christusverständnis ist zu klein für das, was mit dem messianischen Reich versprochen war. Da war mehr versprochen. Und für dieses Mehr sind ja schon in früheren Zeiten Millionen von Juden, die sich nicht taufen ließen, in den Tod gegangen. Es war etwas anderes versprochen mit diesem messianischen Reich als dieser Ansatz zur Erlösung, wenn man es mal vorsichtig formuliert, den Christus vielleicht darstellt. Unser Christusverständnis ist zu klein für das, was mit diesem Reich versprochen war. Es ist von den metaphysischen Spekulationen griechischer Philosophen zu sehr belastet, um dies unauslöschlichen Hoffnungen all derer, die in Christus nicht satt geworden sind, nicht heil geworden sind, nicht gehen lernten, überhaupt tragen zu können. Und ich meine, nach der Shoah können wir gar nicht umhin, das jüdische Gegenargument und sein tieferes messianisches Verständnis in unser Denken aufzunehmen. Wir müssen messianischer denken lernen. Und das geht mit diesem kleinen „Christus allein" nicht. Da brauchen wir mehr.

Das Christentum erscheint unter dieser alles relativierenden messianischen Perspektive als ein weltgeschichtlich unhaltbarer Anspruch, wenn es das „Ein für allemal" des „Es ist vollbracht" des Christus reklamiert. Diese Art von Endgültigkeit schmeckt nach Tod. Von der jüdischen Tradition ist zu lernen, dass die Funktion des Messias wichtiger ist als seine Person. Das ist ein alter Gedanke der jüdischen Tradition. Und es ist weniger personalistisch auf den Messias konzipiert, sondern auf das Ereignis des Friedens und der Gerechtigkeit. In der rabbinischen Tradition ist der Messias kein göttliches Wesen, und es war durchaus vorstellbar, dass die Erlösung durch mehrere Messiasse mit unterschiedlichen Funktionen realisiert würde oder dass Gott ohne Messias handele. Denn nicht der Messias trägt die Erlösung, sondern die Erlösung trägt den Messias. Das ist der Grundsatz, der da hingehört.

4 Glück – nicht nur vom Hörensagen

Annäherungsversuche in trauer und kurzer zeit

Während wir sprachen
es wetterleuchtete und endlich
regen aufkam
eine stunde lang hab ich
mir gewünscht
dass du deine hand auf meine legst
während wir sprachen
ende mai

Mit den wünschen ist es so
manchmal gelingt es sie umzutauschen
gegen etwas nicht ganz so unmögliches
dann bleibt wohl der vorige schmerz
doch anders
öfter sterben sie einfach
den kleinen tod
jeden tag denselben
du hast mich nicht rufen hören
ich sprach die falsche sprache

Wenn alle wünsche verwelkt sind
werde ich tot sein
auch für mich
aber zäh wie der kuckuck
schrei ich den ganzen juni

Jemandem sein glück glauben

Jemandem sein glück glauben
ist schwerer als
jemandem die trauer abnehmen

Wir schwimmen im see
die bergkette spiegelt sich
plötzlich schnellst du dich vorwärts
ich sehe nur tropfenfäden
du hast dich in sonne wasser und bewegung aufgelöst
vor begeisterung verschlucke ich mich
und versuche nachzukommen

Über das glück miteinander sprechen
ist noch schwerer
weil wir einander kaum trauen können
es kommt mir vor
wie die sache mit heiligenscheinen
wer weiß wie sie zustande kommen
wieso leute so etwas gesehen haben müssen
welche freude dazu geführt haben muss
jemanden leuchten zu sehen

In der Liebe machen wir uns waffenlos. Wir ziehen aus, was wir anhaben, um uns zu schützen. Darum ist die Liebe so anders als das, was wir sonst leben. Wir geben die Schutzmechanismen auf. Wir schlüpfen erst mal aus den unbequemen Schuhen. Wir legen vielerlei Kleider ab: die, die uns gegen Kälte schützen; die, die uns einen bestimmten Status verleihen; die, die einen Teil unserer Persönlichkeit ausdrücken. Wir werfen das alles ab, es ist wertlos geworden. Die Armbanduhr, der Doktortitel, die Lebensversicherung. Was soll das noch, für wen ist das wichtig? „Du warst hier, und wir waren frei", als wir uns frei machten.

Manche halten beim Ausziehen inne, wollen nicht „frei", ungebunden, ledig sein, lassen einiges doch lieber an. Ich glaube, einander lieben ist ein Prozess, den die Mystiker „die Entkleidung" nannten, ein langer, unabgeschlossener Prozess, in dem wir immer mehr von uns selbst ablegen: die Schutzmechanismen, die Ängste, die zu Waffen geworden sind, die Sicherheiten, die Gewohnheiten. „Wir haben nichts zu verlieren, außer unserer Angst" auf dem Weg zum Paradies. Immer mehr Häute werfen wir von uns, immer mehr Waffen brauchen wir nicht mehr, wir können Schwächen zeigen, ohne dass sie ausgenutzt werden.

Im Paradies sein, bedeutet auch, nackt und verwundbar sein. Als ich die militaristische Redensart vom „Fenster der Verwundbarkeit" zuerst gehört habe, wurde mir die Zerstörung, die jede Bombe – auch nur die getestete, gelagerte, noch nicht benutzte – uns bringt, ganz sichtbar. Die Bombe ist ein Versuch, unsere Verwundbarkeit, unsere Menschlichkeit zu zerstören. Die Bombe, die ich für das wichtigste Symbol der westlichen Welt halte, zerstört die, die sie verehren und lieben. Sie macht auch die kaputt, die sie dulden. Wie sollen wir zum Paradies kommen, wenn wir nicht verwundbar sind und nackt?

Das fenster der verwundbarkeit
so sagen die militärs
um die aufrüstung zu begründen
muss geschlossen werden

Ein fenster der verwundbarkeit
ist meine haut
ohne feuchtigkeit und ohne berührung
muss ich sterben

Das fenster der verwundbarkeit
wird zugemauert
mein land
kann nicht leben

Wir brauchen licht
um denken zu können
wir brauchen luft
um atmen zu können
wir brauchen ein fenster
zum himmel

Nach dem Bild der Liebe geschaffen

Woran können wir Beziehungen erkennen, in denen sich erfüllt und verwirklicht, dass wir nach dem Bilde der Liebe geschaffen sind? Ich will vier Dimensionen der Liebe darstellen: Ekstase, Vertrauen, Ganzheit und Solidarität. Gott hat uns als Wesen mit sexueller Identität geschaffen, damit wir teilhaben können an der Ekstase des Lebens. Es ist dem Menschen gegeben, im Rausch des Glücks sich selber zu verlieren, ekstatisch heraustretend das alte Ich abzustreifen wie ein Kleid. Die sexuelle Erfahrung ist eine Form, wie wir an der das Selbst transzendierenden schöpferischen Kraft des Lebens teilhaben. Was ist Ekstase?

Nach Freud wird unsere Fähigkeit zur Ekstase durch unsere psychosexuelle Geschichte bestimmt. Die psychische und emotionale Zuwendung, die der Säugling von seiner Mutter empfängt, ist nahezu umfassend und total. In den ersten Monaten unseres Lebens erfahren wir – wie schon zuvor im Leib unserer Mutter –, dass eine permanent zugängliche Quelle der Lust für uns da ist, uns umgibt und nährt. Aus dieser Erfahrung bildet sich nach Freud – und ich folge hier der eindringlichen Darstellung von Dorothy Dinnerstein* – die Illusion unserer Allmacht, die Vorstellung der Omnipotenz. Wenn das Kind dann entdeckt, dass der Körper der Mutter ihm nicht uneingeschränkt und dauernd zur Verfügung steht, so bricht diese Illusion zusammen. Der Zusammenbruch der ursprünglichen Illusion ist irreparabel, jedenfalls bis zu einem gewissen Grade. Wir müssen mit dieser Grunderfahrung von Trauer und Verlust leben lernen. Und doch gibt es Bereiche, in denen das kindliche Empfinden von Lust und absoluter Erfüllung wieder erfahren werden kann. Nach Dorothy Dinnerstein ist der Liebesakt „ein direkter Versuch, den früheren Verlust rückgängig zu machen". Die Ekstase ist die Zurücknahme der Kränkung, die man uns mit der Individuation und Vereinzelung angetan hat.

[...] Das ekstatische Vermögen entspricht unserer oft verleugneten Angewiesenheit aufeinander. Die Ekstase der Sexualität lässt uns erkennen, was uns fehlte: wie allein wir waren, wie unvollständig und gebrochen, ohne Anteil an der Ekstase zu haben. Sexualität ist eines der Kennzeichen der Erneuerung des Lebens auf Erden; soviel wir wissen, gibt es auf anderen Planeten kein geschlechtliches Leben. Die Erde ist ein sexueller Planet, und wir sagen endlich mit Gott: „Ja, es ist alles sehr gut." Der Eros verbindet uns mit der Welt.

Wer Ekstase empfängt, macht auch die Erfahrung, einen anderen Menschen in Ekstase versetzen zu können, ihn vom Allein-

---

* Dorothy Dinnerstein, „The Mermaid and the Minotaur", New York 1976, Harper & Row, Seite 60.

sein für eine Zeit zu erlösen. „Es ist nicht gut, dass der Mensch allein sei" (1. Mose 2, 18), aber die Schöpfung ist „gut"! Als Adam Eva entdeckt, freut er sich über ihr Anderssein und über ihre Ähnlichkeit mit ihm: „Diese ist nun endlich Gebein von meinem Gebein und Fleisch von meinem Fleische" (1. Mose 2, 23). In diesem Augenblick erhält das Geschöpf aus Erde eine neue Identität, eine sexuelle Identität. [...] Adam und Eva werden als Wesen geschildert, die voneinander abhängig und aufeinander bezogen sind; die Freude, die in den Worten „Diese ist nun endlich ..." zum Ausdruck kommt, ist ein wesentlicher Bestandteil der wechselseitigen Ekstase.

Den Orgasmus können wir allein erreichen, Ekstase aber beruht auf Gegenseitigkeit. Jenseits von alter Repression und neuer Permissivität hat in der Gegenkultur ein neues Suchen nach dem Sinn menschlicher Sexualität begonnen. Die Werte, um die es dabei geht, sind Gegenseitigkeit, Kommunion und Verwundbarkeit – Werte, die in striktem Gegensatz stehen sowohl zur naturalistischen als auch zur konsumistischen Auffassung von Sexualität. Wir erleben heute einen hoffnungsvollen Aufbruch zur Veränderung des modus vivendi unserer ererbten sexuellen Arrangements, die auf Eroberung und Unterwerfung gegründet waren. Gegenseitigkeit und Gefühlsoffenheit in sexuellen Beziehungen kann es ohne Verwundbarkeit nicht geben. [...] Es bedarf größter Wachsamkeit, um verwundbar zu bleiben und noch verwundbarer zu werden. Ohne Gegenseitigkeit stirbt die Ekstase.

[...] Ekstase setzt Gegenseitigkeit voraus, die ohne Verwundbarkeit nicht existiert. In der Bibel kommt das in dem Satz zum Ausdruck: „Und sie waren beide nackt, der Mann und sein Weib, und sie schämten sich nicht" (1. Mose 2, 25). Sie hatten nicht das Bedürfnis, ihre Zusammengehörigkeit zu verhüllen oder zu verkleinern. Sie schämten sich nicht, einander und sich selbst zu erkennen. Bewusst werden bedeutet, Kleider und Masken abzulegen, damit wir unser selbst innewerden unter Absehung von dem sozialen Status, den die Kleidung darstellt. Wenn wir nackt sind, sind wir auch ohne Verteidigung. Wir haben abgelegt, was uns nicht nur vor Wind und Kälte schützt, sondern auch vor der Gesellschaft und ihren gnadenlosen Blicken auf unseren von Fett, Alter oder Narben entstellten Leib. Viele Frauen sind nicht imstande, sich dem sexuellen Warenfetischismus zu entziehen, und werden von der Angstvorstellung heimgesucht, sie würden lächerlich gemacht und verachtet wegen zu großer oder zu kleiner Brüste, wegen zu dicker oder zu dünner Schenkel usw. Nackt sein bedeutet, schutzlos und unbewaffnet zu sein; dazu müssen wir die „Waffen", die wir normalerweise mit uns herumtragen, ablegen. In der Liebe kann ich mich nicht mehr verteidigen, bin ich verwundbar. Wir machen uns selbst verwundbar und können dem Risiko der Verwundbarkeit nicht entgehen.

Zur menschlichen Sexualität, als Liebe vorgestellt, gehört auch Vertrauen. Wir haben das Vermögen zur Ekstase und das Verlangen danach; dasselbe gilt für Vertrauen und Verlässlichkeit. Miteinander schlafen hat den doppelten Sinn von einander lieben und beieinander ruhen. Neben unseren progressiven Trieben und Wünschen haben wir auch regressive Bedürfnisse. Manchmal brauchen wir es einfach, uns verstecken, klein sein und unsere Schwäche zeigen zu dürfen – so wie wir auch die Schwachheit des anderen ertragen. Vertrauen bedeutet, nicht der Verzweiflung zu verfallen, wenn wir zeitweise impotent oder frigide sind. Wir brauchen Trost. Die Erfahrung, schwach sein zu dürfen, ohne dass jemand uns beherrscht oder missbraucht, können wir nur in Beziehungen machen, die frei sind von Furcht oder Unterwerfung. Furchtlos kann ich nur sein, wenn ich auch schwach sein darf. „Furcht ist nicht in der Liebe, sondern die völlige Liebe treibt die Furcht aus" (1. Johannes 4, 18). Lieben zu lernen heißt, immer weniger Angst zu haben. Diese Vertrauensdimension der Liebe beruht auch darauf, dass wir unsere eigene Sexualität annehmen und bejahen. Wir lernen, auch vor unseren eigenen sexuellen Ausdrucksweisen keine Angst zu haben. Wir nehmen unsere Geschöpflichkeit als sexuell empfindende Wesen an und lernen es, uns darüber zu freuen, dass wir so sind, wie wir sind.

Die Dimension des Vertrauens hängt davon ab, inwieweit wir uns der eigenen Sexualität und der unseres Partners bewusst sind. Eines der wesentlichen Gebote einer neuen Sexualethik ist Bewusstheit: Wir müssen wissen, was wir tun. Wir sollten es lernen, uns selbst, unsere Wünsche und Ängste zu erkennen und sie so klar wie möglich auszudrücken. Nichts sollten wir nur halbbewusst oder nur um eines andern willen tun. Zum Vertrauen als einem Wesenselement der Liebe gehört selbstverständlich auch die gemeinsame Verantwortung für die Empfängnisverhütung. In einer Beziehung, wo man diesem Problem aus dem Weg geht oder es allein der Frau zuschiebt, herrscht mit Sicherheit nicht genug Vertrauen.

Zwischen Vertrauen und Ekstase besteht eine produktive Spannung. Geht das eine verloren, so wird früher oder später auch das andere verkümmern. Extreme Unausgewogenheit zwischen Vertrauen und Ekstase gefährdet die Balance des Glücks. Viele Ehen könnte man als Vertrauensverhältnis ohne Ekstase beschreiben. Die ekstatischen Elemente wurden verbraucht, vergessen und nicht erneuert; weil die Fähigkeit, einander körperlich zu trösten, verkümmert ist, wird auch das Vertrauen zu einer trivialen Gewohnheit. Die traditionelle bürgerliche Ehe mit ihrer doppelten Moral für Männer und Frauen hat die Ekstase, wenn überhaupt, dann nur in einer außerehelichen Beziehung zugelassen; das führte zum völligen Verfall des Vertrauens. Auf der anderen Seite, in der Welt des sexuellen Konsumismus, wird Ekstase dem Leistungsprinzip zählbarer Orgasmen unterworfen; dabei bleibt die Dimension des Vertrauens unterentwickelt oder unbekannt. Der Partnerwechsel wird unvermeidlich, die Jagd nach augenblicklichem Lustgewinn tritt an die Stelle von Beziehungen, die im Laufe der Zeit an Reife und Gefühlstiefe wachsen.

Je mehr wir uns gegenseitig vertrauen, desto leichter können wir die Rollen tauschen und einander in größerer Verhaltensvielfalt begegnen. Wir können uns trösten, voneinander lernen, einer dem andern helfen, können zusammen lachen, weinen und beten. Das alles geschieht in echter Gegenseitigkeit, anders als in den sexuellen Konstellationen, wo der schwächere Partner ausgenutzt wird, weil die Struktur der Beziehung dem Vorbild der Arbeitswelt und ihrer hierarchischen Zwänge folgt. In einer auf Dauer angelegten Beziehung bewegen wir uns zwischen den Polen von Ekstase und Vertrauen; manchmal nähern wir uns mehr dem einen, manchmal mehr dem anderen Pol, immer aber sind wir uns dieser Polarität bewusst. Diese Grunddimensionen des Liebeslebens sind auch Ausdrucksformen unserer Liebe zu Gott, unserer Verbundenheit mit dem Urgrund des Lebens. Beides, Ekstase und Vertrauen, gehört zum Wesen einer Beziehung zu Gott; wenn eine dieser Dimensionen verkümmert, so wirkt sich das früher oder später auch auf die andere aus.

Das orthodoxe Christentum hat eine gefährliche Neigung, die ekstatische Dimension der Gottesbeziehung preiszugeben und sich auf Vertrauen als einzig angemessene Form der Religiosität zu beschränken. Ganz im Gegensatz dazu haben die großen Heiligen das Feuer der Ekstase lebendig erhalten und unser Vermögen, Gott in der Schöpfung zu loben, als Teilhabe an der Ekstase des Lebens verstanden. Die organisierte Religion, vor allem die der Weißen in nördlichen Ländern, hat nicht selten jeden Funken von Ekstase im Gottesdienst ausgelöscht. Sie wird von weißen Männern normalerweise nicht einmal vermisst! Die Teilnahme an amerikanischen Negergottesdiensten hat mir, die ich aus einer rationalistisch geprägten religiösen Tradition komme, zur Entdeckung meiner eigenen religiösen Bedürfnisse verholfen. In den Kirchen der Schwarzen habe ich einfach mehr Ekstase und deswegen auch mehr Vertrauen in Gott gespürt. Ich kann mich entsinnen, wie ich mit einer kleinen Gruppe weißer Freunde aus einem Gottesdienst in Harlem kam, wir sangen auf der Straße stehend „See the fire burning in my heart ...“ und konnten einfach nicht aufhören.

Der nichtreligiöse Leser stellt sich vielleicht die Frage, warum ich sexuelle Ekstase und sexuelles Vertrauen mit der Religion in Verbindung bringe. Ist es notwendig, von Gott zu reden, wenn wir von der Liebe sprechen? Genügt sich der sexuelle Diskurs nicht selbst? Wird die Erfahrung menschlicher Sexualität reicher, wenn Gott ins Spiel kommt? Wird unser Vertrauen bedingungsloser, wenn es Vertrauen in Gott ist? Wird unsere Ekstase stärker, wenn wir sie auf die Quelle allen ekstatischen Seins beziehen? Was macht es für einen Unterschied, wenn wir das Geben und Nehmen sexueller Liebe ein Sakrament nennen?

[...]

Beide, Religion und Sexualität, heilen, weil sie die Kluft zwischen uns und der Wahrheit schließen! Wir entdecken uns als „Teil von allem" und erfahren uns als eins mit dem Mysterium des Lebens. Wenn wir über Gott sprechen in Beziehung auf unsere Sexualität, dann werden wir der Liebe, die in uns wirkt, gewahr. „In Gott leben, weben und sind wir" (Apostelgeschichte 17, 28). Der Ausdruck „in Gott sein" bedeutet, dass wir uns selbst gleichzeitig als aktiv und passiv erfahren: Wir leben, aber das Leben trägt uns weiter; wir bewegen uns vorwärts, aber werden auch in das Gewebe des Lebens einbezogen. Wir sind geschaffen und selber schöpferisch. [...] Liebe ist notwendig mehrdimensional; in ihrem Drang nach Ganzheit gibt sie sich mit teilweiser Übereinstimmung nicht zufrieden. Dieser Drang nach Ganzheit erstreckt sich auch auf die Zeit: Die Liebe bringt Vergangenheit, Gegenwart und Zukunft zusammen. Liebende brauchen es, über ihre Vergangenheit zu sprechen, Kindheitserlebnisse auszutauschen und ihre bisher getrennten Lebensgeschichten zueinander in Beziehung zu setzen. Auf der Suche nach der Vergangenheit beschwören sie Zukunft herauf. Eine Liebesbeziehung, die das, was war und sein wird, auslöscht, die das Erinnern wie das Träumen nach vorn vergisst, macht unser zeitliches Sein fragmentarisch und reduziert die Liebe zu einer Fluchtbewegung in die Illusion purer Gegenwart.

Ohne diesen Wunsch, ganz zu sein, können sich auch Ekstase und Vertrauen nicht entwickeln. Diese Behauptung mag mancher Leserin allzu idealistisch klingen und wie ein romantischer Traum, der niemals Wirklichkeit werden kann, weil kein Einzelwesen jemals imstande ist, alle unsere Bedürfnisse zu erfüllen. Das ist durchaus richtig, widerlegt aber unser Bedürfnis danach, möglichst viele Aspekte unseres Lebens zu integrieren, keineswegs. In einer Beziehung bedeutet Ganzheit nicht, dass ich außer dir niemanden und nichts sonst mehr brauche! Eine solche Beziehung wäre totale, ja neurotische Abhängigkeit. Ganzheit in einer Beziehung meint vielmehr, dass wir unsere jeweiligen Bedürfnisse miteinander teilen und unsere Identität im Zusammensein stärken, statt sie zu verleugnen. Es gibt keine Integrität in einer Beziehung, wenn wir nicht einbringen können, wer wir wirklich sind. Wenn es wahr ist, dass die „völlige Liebe" Furcht, Scham und Misstrauen austreibt, dann sollten wir uns nie kleiner machen, als wir sind, und uns mit weniger als dem Ganzen nicht abspeisen lassen.

Zufällige und kurzfristige Wegwerfbeziehungen verletzen dieses Bedürfnis nach Ganzheit, auch wenn wir sie – im Sinne des liberalen Einverständnisses – als solche planen. Es gibt eine oft sehr rational begründete Anspruchslosigkeit an Partner, die niemanden „stört", aber unsere Integrität zerstören kann. Auch wenn du (ich denke beim Schreiben an junge Frauen, die ich kenne) die Erfahrung einer ganzheitlichen Sexualbeziehung noch nicht gemacht hast, sollst du den Wunsch danach in deiner Seele nicht zum Schweigen verurteilen. Die gegenseitige Übereinkunft, sich auf eine eindimensionale Beziehung zu beschränken, verbildet unsere Wünsche. Auch wenn, wie es in moderner Rationalisierung heißt, das Objekt unserer Lust völlig einverstanden ist und niemandem sonst Schaden zugefügt wird, so wird doch unser Verlangen nach Ganzheit, Gegenseitigkeit und Selbsttranszendierung nachhaltig geschädigt. Wo wir einander zu bloßen Lustobjekten machen, geht der sakramentale Charakter des Liebens verloren. Die Vision ganzheitlicher Liebe unterscheidet sich dadurch von einer romantischen Illusion, dass sie auf unsere wirklichen Bedürfnisse bezogen bleibt. Der Wunsch, ganz zu sein, lässt sich nicht verleugnen, es sei denn um den Preis unseres eigentlichen Selbst. Versuchen wir, diesen Wunsch zu unterdrücken, so taucht ein merkwürdiges Gefühl der Fremdheit und Leere auf. Wenn die Tiefendimension unseres Daseins nicht ins Spiel kommen darf und unangerührt bleibt, so wird unser sexuelles Leben mechanisch funktionell, wir vertrocknen.

Im Gegensatz zu dem repressiven Charakter unseres religiösen Erbes steht eine Befreiungsstation, die uns an Ganzheit zu glauben lehrt auch dann, wenn wir uns kaputt und verzweifelt fühlen. Ohne Frage ist „Gott größer als unser Herz“ (1. Johannes 3, 20), und wir können wissen, dass unsere Vision der Liebe größer ist als der kleine Teil davon, den wir bis jetzt verwirklicht haben. Die jüdische wie die christliche Tradition besteht auf einem Zusammenhang zwischen Lieben und Erkennen, der unser Bedürfnis nach Ganzheit bestätigt. Im Alten Testament hat das Verbum „erkennen“ zwei Bedeutungen; die eine bezieht sich auf wahrnehmen und verstehen, die andere auf den Geschlechtsverkehr. In 1. Mose 4, 1 heißt es: „Und Adam erkannte sein Weib Eva, und sie ward schwanger und gebar den Kain.“ Dieser archaische Gebrauch des Wortes „erkennen“ enthüllt einen vergessenen Bestandteil der Liebe, nämlich ihre kognitive Kraft. Wenden wir diese Bedeutung auf den Bereich des Sexuellen an, so wird uns klar, was es heißt, jemanden sexuell zu erkennen: nämlich den anderen wirklich wahrnehmen, sich bewusst machen, wer er oder sie ist, und die geliebte Person in all ihrer Vielfalt erfahren. Die Liebe selbst hat kognitive Kraft. Abstrakte Sexualität dagegen trennt Erkennen und Lieben voneinander.

Augustin hat gesagt, dass wir nur, was wir lieben, wirklich erkennen. Ohne den Eros gibt es keinen authentischen Logos. Für jeden, der nach Ganzheit strebt, ist der erotische Impuls auch ein kognitiver. Das Sexuelle ist eine Weise, den Partner, uns selbst, die Gemeinschaft und die Welt, in der wir leben, zu erkennen. Der Geist entwickelt sich nicht abgelöst von Begehren und leiblicher Ausführung. Sexuelle und intellektuelle Neugier gehen Hand in Hand. Unsere körperliche und seelische Sehnsucht verarmt, wenn sie von dem Wunsch, einen anderen Menschen im Tiefsten zu erkennen, abgespalten wird; und unser Erkenntnisvermögen lässt nach, wenn es die Leidenschaft einbüßt und die Beziehung zur sozialen Wirklichkeit verliert. Mehr erkennen heißt mehr lieben, und mehr lieben heißt mehr erkennen. Erkenntnis zielt auf Gemeinschaft, nicht auf Besitz. Echte Erkenntnis – sei es Erkenntnis eines anderen Menschen, Selbsterkenntnis oder Gotteserkenntnis – trägt in keinem Falle besitzergreifende, beherrschende oder unterwerfende Züge; sie ist vielmehr ein Mittel der Kommunikation: Wir teilen mit, wer wir sind. Erkennen und Sich-erkennbar-Machen ist ein einziger Akt in der Liebe, die gegenseitig ist.

Wie ich schon sagte, werden manche meine Vision von ganzheitlichen sexuellen Beziehungen als hoffnungslos idealistisch abtun. Weit verbreitet ist die Meinung, dass die Forderung nach Ganzheit in den sexuellen Beziehungen eine Überforderung sei. Enttäuschung und sexuelle Hoffnungslosigkeit ist, was ich von Erwachsenen aller Altersstufen immer wieder zu hören bekomme. Deshalb sei es besser, sich mit der physischen Befriedigung oder der Verlässlichkeit zu bescheiden, die nicht notwendig auf die Weiterentwicklung der Person, die religiöse Erfahrung des kosmischen Einsseins oder auf soziales Engagement für Gerechtigkeit und Frieden bezogen sei. Es macht mich traurig, wenn ich Männer und Frauen diese Auffassung vertreten höre; ich höre darin eine falsche Toleranz gegenüber der Selbstzerstörung, eine Zustimmung dazu, dass unsere Sehnsucht stumm gemacht wird, eine Einwilligung in die Mittelmäßigkeit und eine Bereitschaft, die eigene Integrität preiszugeben.

[...]

Echte erotische Liebe öffnet den Liebenden Herz und Sinn auch für andere Menschen. Dieser Satz mag banal klingen, ich befürchte aber, dass die im Christentum entwickelte scharfe Unterscheidung zwischen Eros und Agape uns blind gemacht hat für die umfassende Wirklichkeit der Liebe. Mehr lieben heißt mehr erkennen – nicht nur von unserem Partner, sondern auch von der übrigen menschlichen Familie. Es gibt keinen Eros ohne Agape und keine Agape ohne Eros. Es wäre oberflächlich, wollte man die Relationalität, die mit unserem Geschaffensein als sexuelle Wesen zusammenhängt, auf den Austausch zwischen Sexualpartnern beschränken.

Genau diese Oberflächlichkeit herrscht unangefochten in unserer Kultur. Der triviale Mythos von der schönen, idyllischen Insel, auf der Du und Ich Zuflucht finden vor einer feindlichen Welt, stellt eine gefährliche Form des sexuellen Eskapismus dar, der unseren größeren Wunsch, mit der Welt, in der wir leben, vereint zu sein, verleugnet. Und doch ist dieser Trivialmythos einer der dauerhaftesten und einflussreichsten Mythen in unserer Kultur, der im Film, in der Werbung und anderen Massenmedien immer wieder hervorgezaubert wird. Er spricht uns an, weil jeder manchmal das Bedürfnis nach einem schönen, verborgenen Zufluchtsort der Zweisamkeit hat. Und wie verschieden im Einzelnen unsere Träume vom Inselglück auch sein mögen, eines ist ihnen gemeinsam: Sie sind von der Vorstellung getragen, unser eigentliches Leben spiele sich nicht hier in Arbeit und Alltag ab, sondern irgendwo weit weg.

In den Massenmedien erscheint dieser Mythos von der glücklichen Insel so, dass eine ganz bestimmte Form der Zweierbeziehung isoliert wird: Ein junges, weißes, heterosexuelles, wohlhabendes Pärchen, gesund und gepflegt, zieht sich auf eine Insel zurück. Sie werden als frei und ungebunden dargestellt, ohne Beruf und Familie oder andere menschliche Bindungen und Verpflichtungen. Ihre Freiheit von weltlichen Sorgen erscheint in den Medien in erlesenen Bildern; wir sehen, zum Beispiel in der Werbung, lange, einsame Sandstrände, Luxusjachten oder Vögel im Flug. Das Paar lebt ausschließlich für sich selbst und genießt seine sonnenüberglänzte Umwelt in einer Art von Narzissmus à deux. Die Medienmacher verheißen diesen Mythos vom neuen Leben allen, die es sich leisten können, das Alltagsleben, das im Gegensatz dazu als fad und öde, gewöhnlich und langweilig dargestellt wird, hinter sich zu lassen.

Der Mythos vom Inselglück macht sich unser Bedürfnis nach Ganzheit zunutze. Er schafft die Illusion von Ganzheit durch die

Vorstellung von Liebesglück inmitten unberührter, schöner Natur, blendet aber den größten Teil der Realität und selbstverständlich alles, was mit Politik zu tun hat, aus. Dieser apolitische Traum verfälscht die Tendenz der Liebe nach Vereinigung mit allem, was lebt. Er hebt uns ab von allen anderen. Träumen wir diesen falschen Traum, dann isolieren wir die Liebe vom Rest unserer Welt, einer Welt, aus der wir nur noch fliehen wollen. Weltlosigkeit wird zur Bedingung für Liebesglück gemacht. Liebe wird zur Entschädigung für alle Verluste und Schädigungen, die das Leben uns zugefügt hat. Die Liebe ist aber keine Entschädigung für irgend etwas anderes. Sie ist auch kein Schutzwall, der uns vor Störungen abschirmt. Im Gegenteil: Echte Liebe lässt unsere Abwehr- und Verteidigungshaltung schwinden; sie macht uns störbarer und schutzloser. Die Ekstase, die wir in der Liebe erfahren, erhöht unsere Sensibilität für die Gewalt, in der andere Menschen gefangen gehalten sind, und macht uns aufmerksamer für die, denen die Fülle des Lebens verweigert wird. Lieben lehrt uns vertrauen, was auch bedeutet, dass wir unsere Neigung zum Misstrauen verlernen. Weil das so ist, fangen wir auch an, die ungetröstete Einsamkeit, die Angst und den Selbsthass wahrzunehmen, die uns in allernächster Nähe begegnen. Weil wir durch Liebe in die Ganzheit hineinwachsen, verlangen wir nach Versöhnung mit den Entrechteten dieser Erde.

Je mehr wir lieben

Die Liebe macht das Leiden nicht, sie produziert es auch nicht, obwohl sie notwendigerweise die Konfrontation suchen muss, weil ihr wichtigstes Interesse nicht die Vermeidung von Leiden, sondern die Befreiung von Menschen ist. Jesu Leiden war vermeidbar, er hat es freiwillig gelitten. Es gab auch andere Auswege, was in der mythischen Sprache immer wieder betont wird: es wäre ihm möglich gewesen, vom Kreuz herabzusteigen und sich helfen zu lassen. Er hätte, politisch gesprochen, nicht nach Jerusalem zu ziehen brauchen und die Konfrontation vermeiden können. Die Konfrontation vermeiden, indem man bestimmte Ziele aufgibt, ist eines der häufigsten apathischen Verhalten; die Konfrontation suchen, eines, das den Leidenden und Wünschenden notwendig ist. [...] Gott mit dem Elend zu versöhnen hieße, gerade die Konfrontation zu vermeiden und in der Angst vor dem Christförmigwerden, das Schmerzen einschließt, die befreiende Liebe aufzuschließen.

Dies gilt auch in allen individuellen Beziehungen. Wenn es wahr ist, dass der Reichtum des Menschen sein Reichtum an menschlicher Beziehung ist, dann gehören die daraus erwachsenen Schmerzen notwendig mit zu unserem Reichtum. Je mehr wir lieben, an je mehr Menschen wir Anteil nehmen, je enger wir verbunden sind, desto wahrscheinlicher ist es, dass wir in Schwierigkeiten geraten und Schmerzen erfahren. Die Misserfolge der Liebe, ihre erfahrene Vergeblichkeit, weisen die Menschen an auf eine Sinnvergewisserung, einen Trost, der theologisch im Modell des Paradoxes ausgesprochen wird. Die Hoffnung auf eine bessere Zukunft muss auch in den jetzt leidenden Subjekten als Gegenwart, als Trost festgemacht sein: Gott muss auch im Elend für den Menschen gedacht werden, die Wahrheit auch der jetzt nichts ausrichtenden Liebe bleibt darin gewiss.

Wenn Gott schon nicht unmittelbar helfend, rettend, sich als Heil verwirklichend eingreift, so ist der Trost der Zukunft ohne alle Gegenwart abstrakt, und eine Alternative, wie Hedinger sie formuliert als „Zukunft oder Paradox?“, ist falsch. Es gibt keine Zukunft, wenn die Menschen, die sie erfahren können, im Leiden nur auf später warten, ohne reale Erfahrung ihrer Wahrheit, ihres Sinnes. Das Paradox – dass Gott uns liebt auch dann, wenn nichts davon sichtbar ist – ist die subjektive Ermöglichung der Zukunft; gäbe es kein Paradox, so wäre die Zukunft nicht für alle, sondern nur für die dann noch übrigen Menschen von Interesse.

Das Christentum hat sich im Paradox eine Denkfigur geschaffen, die die Stärke des jetzt Glaubenden und nicht die künftige Stärke Gottes, der sein Reich heraufführt, betont. „Dennoch bleibst du auch im Leide, Jesu, meine Freude.“ Das ist nicht nur Innigkeit – und schon gar nicht Ergebung, das ist mystischer Trotz. Das Paradox ist eine Schlinge, in der wir Gott fangen; er kann uns nicht kleinkriegen. Wie er sich auch verhält, strafend, experimentierend – was wir auch erfahren an Zerstörung, wir halten den Widerspruch der Liebe gegen die Erfahrung.

Es ist nicht der Sinn des Kreuzes, Gott mit dem Elend zu versöhnen und uns im Paradox abzuspeisen. Die Einheit von Kreuz und Auferstehung, Scheitern und Sieg, Weinen und Lachen macht die Utopie eines besseren Lebens erst möglich. Wer nicht weint, hat sie nicht nötig, und wer nur weint, dem bleibt Gott stumm.

Mitten in deiner Trauer

Mitten in deiner Trauer
möchte ich wohnen wie früher in unserm Baumhaus
in deinem Zelt schlafen und teilen
was anfällt von Regen und Lärm
Schön war zu wissen
vor langer Zeit
was dein ist ist mein
Gestern wagte ich nicht deine Tür zu öffnen
voller Angst
bewach ich deinen vernunftlosen Schmerz
Ein Aufpasser bin ich geworden
am Rande steh ich
Du trinkst immer mehr
ich werd immer nüchterner von deinem Trinken

Mitten in deiner Trauer
möchte ich gleichzeitig sein mit dir
und bin doch viel älter und lächle
wenn ich dir über die Stirn fahre
und besser weiß was gut für dich ist

Und bin doch viel jünger und frag dich
wie alle Frauen ihre Männer
Musst du denn immer da hin
musst du dir alles schenken der Trauer

Mitten in deiner Trauer
möchte ich wohnen auch wenn wir nicht eins sind
Soll ich mir denn die Waffen aus der Hand schlagen lassen
bloß weil du sie fallen lässt
Kann ich denn anders für dich sein
als wenn ich gegen dich kämpfe
und bettle dich an mitzukommen
in ein anderes Land lieber Bruder

Mitten in deiner Trauer
will ich nicht zuschauen
will ich nicht älter sein
will ich nicht jünger sein
will ich nicht nüchtern bleiben
möchte ich gern wohnen wie früher
in unserm Baumhaus
mitten in deiner Trauer

Wenn du traurig bist

Wenn du traurig bist
wird dein blick unbestimmt
es gibt nichts mehr
zu erforschen

Wenn du traurig wirst
sind deine hände verloren
es gibt nichts mehr
zu bearbeiten

Wenn du traurig bist
geht die sonne weg
es gibt nichts mehr
zu sehen

Second hand life

Du rufst an dich zu verabschieden
du benutzt die stimme
mit der du telefonierst
während wir noch reden
sind dein gelächter und deine fürsorge
schon vorausgeflogen
deine worte dringen nicht in mich ein
weil du schon fort bist
und nur ein verwalter deiner
unsern abschied verwaltet

Gebet nicht aus der liebe zu fallen

Ich möchte dich niemals ganz kennen
ich will dich nicht einschließen wenn ich über die männer rede
ich möchte nicht stolz sein auf richtige voraussagen
ich möchte mich nicht gewöhnen an das was mich traurig macht

Ich möchte nie sagen sicher sicher
aber was können wir tun gegen den hunger
ich möchte diese gottlose rede nicht denken
nicht zu dir und nicht für uns

In der allgemeinen verzweiflung
werde ich mich schämen für die richtigen voraussagen
werde ich den schmerz schmerz nennen und nicht soisteseben
werde ich mich nicht zum connaisseur machen lassen

In der allgemeinen verzweiflung
werde ich alexander haig ganz genau kennen
und seine freunde an der tötungsmaschine
dich werde ich nicht kennen

Gott werd ich erzählen was ich über dich weiß
meinst du das wär alles lacht er mich aus
und hast du den engel übersehen
hinter dem vornübergebeugten rücken

Visionen eines augenblicks

Ich seh uns in einem zimmer stehen gerade angekommen
eine kleine pension das fenster zum meer
ich sehe uns uns anschauen
ohne worte
ohne bewegung
ohne berührung

Nackt in kleidern
sprachlos in sprachen
starr im leben
seh ich uns stehen

Irgendwann werden wir ein paar worte wechseln
irgendwann die sachen ausziehen
irgendwann die arme heben
und den augenblick brechen

wieder ausatmen und einatmen
wieder weinen und lachen
wein trinken und auf die uhr sehen
wieder zurückgehen in das hin und her

Nachdem wir einen augenblick lang
fort waren von allem
unerreichbar für alle
liebe: schönes vergebliches wissen
jetzt und in der stunde unseres todes

Die pfirsiche sind reif

Die pfirsiche sind reif in deinem garten
du gehst sie pflücken und du wünschst ich wär dabei
du wölbst die hand sie rund und sanft zu fassen
du drehst und lockst den pfirsich bis er fällt
wer würd ihn schneiden wie die winzer tun den trauben

Ich denke dass der pfirsich gar nicht dumm ist
das pelzchen das er trägt die sammethaare
die stellt er auf und fühlt dich rings herum
er lässt sich gerne los in deine hand
wer würd ihn schütteln wollen wie die pflaumen

Die pfirsiche sind reif in deinem garten
du gehst sie pflücken und du wünschst ich wär dabei
ich korrigiere deinen schönen wunsch jetzt
ich bin dabei doch nicht zum pflücken
erfüllung rennt die wünsche übern haufen

Ich bin zu Hause in diesem Kosmos

Ich glaube an das Leben nach dem Tod, das Leben, das weitergeht nach meinem individuellen Tod, an den Frieden, der vielleicht irgendwann einmal sein wird, wenn ich schon lange tot bin, an die Gerechtigkeit und die Freude. Ich glaube nicht an eine individuelle Fortexistenz, und ich möchte auch nicht in die Lage kommen, daran glauben zu müssen. Ich empfinde das als Krücke des Glaubens, aber eigentlich sollten wir ja gehen lernen.

Eine junge Frau fragte mich einmal: „Ist für Sie mit dem Tod alles aus?“ Ich antwortete: „Es kommt darauf an, was Sie unter ‚alles‘ verstehen. Wenn Sie für sich ‚alles‘ sind, dann ist für Sie alles aus. Wenn nicht, dann geht alles weiter, ‚mer läbn ewig‘, wie ein schönes jiddisches Lied singt.“

Die individuelle und geistige Existenz endet mit dem Tod. Das ist kein Gedanke, der mir Schrecken einflößt, dass ich ein Teil der Natur bin, dass ich wie ein Blatt herunterfalle und vermodere, und dann wächst der Baum weiter, und das Gras wächst und die Vögel singen, und ich bin ein Teil dieses Ganzen. Ich bin zu Hause in diesem Kosmos.

Wo gehen wir hin?

Der Mensch lebt nicht vom Brot allein, er stirbt sogar am Brot allein, einen allgegenwärtigen schrecklichen Tod, den Tod am Brot allein, den Tod der Verstümmelung, den Tod des Erstickens, den Tod aller Beziehungen. Den Tod, bei dem wir noch eine Weile weitervegetieren können, weil die Maschine noch läuft, den furchtbaren Tod der Beziehungslosigkeit: wir atmen noch, konsumieren weiter, wir scheiden aus, wir erledigen, wir produzieren, wir reden noch vor uns hin und leben doch nicht. […]

Allein sein und dann allein gelassen werden wollen, keine Freunde haben und dann den Menschen misstrauen und sie verachten, die andern vergessen und dann vergessen werden, für niemanden dasein und von niemanden gebraucht werden, um niemanden Angst haben und nicht wollen, dass einer sich Sorgen um einen macht, nicht mehr lachen und nicht mehr angelacht werden, nicht mehr weinen und nicht mehr beweint werden: der schreckliche Tod am Brot allein.

Mein Nachbar, ein älterer kinderloser Herr, der seine Frau vor einigen Wochen verloren hatte, rief mich heraus, um mir zu zeigen, dass die Kinder ihre Fahrräder an sein frisch verputztes Haus gelehnt haben. „Sehen Sie den Kratzer", sagte er, „sehen Sie nur, wo doch das Eigentum das Einzige ist, was wir noch haben." Der Mensch stirbt am Brot allein. Mein Nachbar hat gearbeitet für das Haus, er bewohnte es, er vermietete es, er renovierte es, er beschützte es, das Eigentum war, „doch das Einzige, was wir haben", und ich sah und hörte, dass er tot war, der furchtbare Tod, kein Verhältnis zu haben und in keiner Beziehung mehr zu stehen.

Das ist der Tod, von dem die Bibel spricht: der Mensch, für den die anderen nicht Reichtum bedeuten, Herausforderung, Glück, sondern Angst, Bedrohung, Konkurrenz, der Mensch, der von Brot allein lebt und daran stirbt, am Brot allein, von dem man nicht leben kann. Das ist der Tod, von dem die Bibel spricht und vor dem sie Angst hat und Angst macht, nicht der Exitus, an den wir meistens denken, sondern der Tod, der ein sinnloses und leeres Leben bedeutet, der Tod im Beziehungslos-Sein in der Angst, in der Sprachlosigkeit, in der Verlassenheit. „Unter den Toten muss ich wohnen", so klagt der Verlassene im Psalm, er sieht sich selber als Tod an, in die Grube gelegt, im Finsteren wohnend, im Unglück, ohne Freunde. „Schon zähle ich zu denen, die zur Grube fuhren, ich bin geworden ein kraftloser Mann. Unter den Toten muss ich wohnen, Erschlagenen gleich, die im Grabe liegen, deren du nicht mehr gedenkst und die von deiner Hilfe geschieden sind. Du hast mich hinunter in die Grube gelegt, in Finsternisse, in Meerestiefen. Meine Freunde hast du mir entfremdet, hast mich ihnen zum Abscheu gemacht. Ich bin gefangen und kann nicht heraus, mein Auge verschmachtet vor Elend" (Psalm 88, 5–10). Der Schmerz macht uns allein, tötet uns ab, zerstört die Kommunikation, von der wir leben. Wie der Psalmist die Schmerzen, die Krankheit, die Niederlage erfuhr, so erleben wir den Tod am Brot allein. Das ist der Tod, von dem die Bibel spricht, der furchtbare Tod mitten im Leben, der Leerlauf, die Langeweile, das Funktionieren, in dem das Leben ein Dahinleben wird und der Mensch zu einem arbeitenden Tier verkommt. Das ist der Tod, von dem die Bibel spricht: Der verlorene Sohn lebt allein in der Fremde, er hütet die Schweine eines anderen, er arbeitet für einen Hungerlohn, er lebt fürs Brot allein, und er lebt vom Brot allein. Darum sagt sein Vater von ihm, er war tot. Er lebte ohne Beziehungen, er konnte mit niemandem sprechen, seine Arbeitskraft wurde benutzt, und so vegetierte er dahin, ohne alle Hoffnung auf eine Veränderung seines Zustandes. Das ist kein Leben, sagt die Bibel, das kann man nicht Leben nennen, diesen Zustand des Weiterfunktionierens. Der verlorene Sohn atmet und arbeitet noch, aber Leben kann man das nicht nennen, diese Existenz bei den Schweinen, Leben wäre etwas anderes, dies ist hier Totsein mitten im Leben. So urteilt der Vater in der Geschichte, so urteilt Jesus, so wollen wir auch urteilen lernen. „Survivre n'est pas vivre", Überleben ist nicht leben, das schreiben die Studenten im Mai 1968 an die Mauern in Paris. Weitermachen, überleben, sich durchschlagen, das ist kein Leben. Das ist der Tod, der uns bedroht.

„Mitten wir im Leben sind, mit dem Tod umfangen", da brauchen wir nicht an den Krebs zu denken und an den Straßenverkehr, da sollen wir uns nicht in ein Vergänglichkeitsbewusstsein einüben, das eine heidnische, ästhetische Sache bleibt. Der Tod, der uns wirklich bedroht, der uns mitten im Leben umfängt, das ist der Tod der Beziehungslosigkeit. Nicht das Abschiednehmen von einer Stufe des Lebens fällt uns schwer; für viele wird es überhaupt unmöglich, den Zustand zu erreichen, in dem Wörter wie Abschied und Schmerz noch Sinn haben. Die Beziehungslosigkeit als das alleinbeherrschende Totsein lässt den einzelnen Schmerz, der bitter und süß schmeckt, gar nicht erst aufkommen. Das ist die Hölle, die uns verschlingt, mitten im Leben, mitten im Produktionsprozess. Der Tod ist der Sünde Sold, das heißt die Konsequenz des falschen Lebens, der Tod der Beziehungslosigkeit und der Angst voreinander, der Tod an einem Leben, das nur noch Überleben war, der Tod am Brot allein.

Am Brot allein sterben wir, weil wir fürs Brot allein leben. Dieser Tod ist nicht natürlich, sondern gewaltsam, er tut den Lebenden Gewalt an, ein angeordneter Tod, befohlen von der strukturellen Gewalt, unter der wir leben, und willig übernommen von unserer eigenen Sucht, lieber tot zu sein und zu töten, als uns den Gefahren des Lebendigseins auszusetzen. Diese Gefahren sind außerordentlich: Wer lebendig ist, wer sich noch bewegt, wer berührt wird und sich berühren lässt, der läuft Gefahr, verrückt zu werden in einer Gesellschaft, die fürs Brot allein lebt und alles dem Profit unterordnet. Ich spreche hier für die wachsende Anzahl von Menschen in den Anstalten und Behandlungszimmern, die wir psychisch gestört nennen, weil sie sich dem allgemeinen Tod widersetzen. Stellvertretend für uns Gesunde, die weiter mitspielen, verkörpern sie eine Art Leben oder, richtiger, einen Schrei nach Leben, in einer vom gewaltsamen Tod beherrschten Welt. Sie sind Abel, und sie werden besiegt. Der erste Tod, von dem in der Bibel erzählt wird, ist eine Tötung, ein Aus-dem-Wege-Räumen des anderen. Kain beseitigt den Abel. In der alten Geschichte ist das personelle Gewalt, aber in unserer Welt ist sie strukturell geworden, anonym und übermächtig.

Bertolt Brecht schreibt: „Es gibt viele Arten zu töten. Man kann einem ein Messer in den Bauch stechen, einem das Brot entziehen, einen von einer Krankheit nicht heilen, einen in eine schlechte Wohnung stecken, einen durch Arbeit zu Tode schinden, einen zum Selbstmord treiben, einen in den Krieg führen usw. Nur weniges davon ist in unserem Staate verboten." (Brecht, Ges. Werke 12, 466.) Wir können die Liste dieser verschiedenen Arten zu töten beliebig verlängern: Man kann einem Kind die

Kindheit nehmen, wenn man ihm verbietet, sich zu bewegen und Lärm zu machen, man kann es mit 40 anderen einsperren und ihm die Freude zu lernen und die Neugier, etwas wissen zu wollen, für immer zerstören. Es gibt viele Arten zu töten. Man kann Wohnungen so bauen und Städte so planen, dass möglichst wenig Menschen auf möglichst engem Raum miteinander in Berührung kommen. Man kann an das Fließband für ausländische Arbeiterinnen immer eine Griechin neben eine Türkin, neben eine Jugoslawin setzen, damit keine Kommunikation entsteht und der Produktionsablauf nicht gestört wird. Es gibt viele Arten zu töten. Man kann einen Ausländer bürokratisch so lange in Angst versetzen, bis er sich das Leben nimmt. Man kann die Verhältnisse in der Produktion, in der Verwaltung und in der Ausbildung so gestalten, dass Menschen möglichst reibungslos funktionieren und möglichst wenig Verhältnis zueinander entwickeln.

Denn anders als in der Geschichte vom verlorenen Sohn begeben sich die Menschen nicht freiwillig oder aus Leichtsinn in die beziehungslose Fremde, um die Schweine anderer zu hüten, sondern das wird ihnen von der strukturellen Gewalt her verordnet. Die Beziehungslosigkeit, die die Bibel Tod nennt, wird im wichtigsten Lebensbereich verordnet und eingeübt, in dem der Arbeit. Das Totsein wird gelernt, zum Totsein wird ausgebildet. Die Zerstückelung des Lebens in überschaubare, beherrschbare, aber zugleich sinnlose Bruchstücke ist eine Gewöhnung an den Tod, die wir von klein auf verpasst bekommen. Das ist der Tod, von dem die Bibel spricht. Wenn das Interesse, dem alles andere untergeordnet wird, die Erhöhung des Profits ist, so zerfallen alle anderen Lebensinteressen zu Belanglosigkeiten: man kann sie haben, man kann sie lassen, man kann dafür sein, man kann dagegen sein, der eine interessiert sich mehr für Obdachlose, der andere für Motorsport, einer mag Tiere, ein anderer hat Kinder gern, einer mag die Adria, einer die Nordsee … das Leben ist ein großer Supermarkt, man kann alles haben, aber es gibt keine Begründungen mehr, sich für bestimmte Dinge besonders zu interessieren. Wenn man zu allem im Verhältnis des Kaufens steht, dann gehen alle Beziehungen nur so weit, wie sie zu käuflichen Dingen gehen können. Heute erfahren viele die Welt als einen Supermarkt, konzentriert und geistesabwesend zugleich schieben sie ihren Wagen durch die Gänge, der Tod der Beziehungslosigkeit beherrscht die Szene. 4 ½ Stunden Fernsehen pro Tag kommen auf einen Bundesbürger: wo soll da eine Einübung in Beziehung, Spontaneität, eigenen Einsatz entstehen? Die Welt ist ein Supermarkt und eine Fabrik, vom Brot allein und fürs Brot allein, daran sterben wir den täglichen schrecklichen Tod.

Es ist dieser Tod, von dem die Bibel spricht, sie nennt ihn: der Sünde Sold oder der letzte Feind. Gegen diesen Tod hat Jesus Widerstand organisiert. Die Geschichten von der Wiedererweckung von Toten wie Lazarus oder dem Töchterlein des Jairus handeln vom Kampf gegen den hingenommenen Tod. Sie rufen uns auf gegen den Tod, sie ermutigen uns zum Glauben, und das bedeutet: zur Parteinahme für das Leben. Die Überwindung der Herrschaft des Todes kündigt sich an, nicht erst in der Auferstehung Jesu, sondern in den Geschichten aus seinem Leben. Wo Gewalt ist und wo Beziehungslosigkeit herrscht, da herrscht der Tod. Je beziehungsloser wir leben, je mehr anerkennen und tolerieren wir den Tod. Was geht uns schon Angola an, obwohl es deutsche Waffen sind, die da den Tod hinbringen, was geht uns die schwarze Säuglingssterblichkeit in der Südafrikanischen Union an, obwohl es unsere Aktien sind, die mit Hilfe der Ausbeutung und dieser Art von Tod steigen! Beziehungslos sein, ohne Schmerzen leben wollen, fürs Brot allein funktionieren und vom Brot allein leben, die Gewalt dulden und aufrechterhalten, die Ordnung lieben, die diesen Zustand weiter garantiert, so richten wir unser Leben ein, es ist eine Liebe zu allem, was erstarrt und geordnet ist, was eine Nummer geworden ist, eine Liebe, die der Psychoanalytiker Erich Fromm „Nekrophilie" genannt hat, die lustbesetzte Bindung an alles, was tot, geordnet, überschaubar, ohne Spontaneität und ohne Wünsche ist.

Die Nekrophilie herrscht nicht nur im Bereich des Staates und der Bürokratie, auch unsere Kinder sind erfüllt von Nekrophilie:

alles, was geordnet und registriert, dogmatisch fixiert und kirchenrechtlich risikolos ist, wird hochgeschätzt. Als Christus wird ein Wesen geliebt, das Thomas Müntzer vor 450 Jahren den „honigsüßen Christus“ genannt hat, „wohlgefällig unserer mörderischen Natur“, dieser honigsüße Christus garantiert den Wohlstand und kostenlos das ewige Leben dazu, er tastet die Rüstungsindustrie nicht an und bietet zusätzlich eine Sinnvergewisserung im unabänderlichen Alltag an. Als Gott wird im Rahmen der nekrophilen Orientierung verehrt ein Wesen, dessen wichtigste Tätigkeiten „erhalten“, nicht schaffen, „beherrschen“, nicht verändern, „beschützen“, nicht freisetzen sind, ein überparteiliches Wesen, das einem Computer gleicht, den man mit Daten über die Menschen vollgestopft hat. Aber der Gott, von dem die Bibel spricht, ist parteiisch, er hat die Partei des Lebens ergriffen, er hat gegen den Tod Partei ergriffen, gegen den Napalmtod und gegen den Hungertod und gegen den Tod am Brot allein, gegen das Ersticken.

An Gott glauben bedeutet auf die Seite des Lebens übergehen und aufhören, ein Komplize des Todes zu sein, den Mordwunsch lassen und die ihm so ähnliche Gleichgültigkeit, die Angst davor, zu sterben, und die Angst davor, zu kurz zu kommen, zwei Ängste, die sich zum Verwechseln ähnlich sehen. [...] Auf die Seite des Lebens übergehen bedeutet, sich nicht neutral zu halten zwischen den Mördern und den Opfern und aufzuhören, die Welt als einen Supermarkt anzusehen, wo man dieses und jenes und alles kaufen kann, wenn nur die Kasse stimmt und die Ordnung erhalten bleibt.

Jesus hat sich radikal auf die Seite des Lebens gestellt und den Tod bekämpft, wo er ihn antraf: den Tod der Aussätzigen, mit denen niemand sprach und die niemand berührte, den sozialen Tod der Zöllner, die wie die Gastarbeiter bei uns nichts galten, und den physischen Tod derer, die noch nicht gelebt hatten. Dabei ist aber eine Beobachtung zu machen, ohne die man Jesu Verhältnis zum Tode nicht verstehen kann: diejenigen nämlich, die wie Jesus und seine Freunde den gewaltsamen Tod, der von Menschen für Menschen gemacht wird, den sozialen Tod und den physischen Tod bekämpften, haben für sich selber das Sterben nicht als das Schlimmste, was einem passieren kann, angesehen. Sie haben das vom Tod beherrschte Leben mehr gefürchtet als den Tod. Sie fanden es schlimmer, von dem von Menschen für Menschen gemachten Tode in Unterdrückung und Erstickung allen Lebens beherrscht zu sein – als zu sterben. Ihr größter Feind war nicht der natürliche Tod, sondern der gewaltsame, der schleichende Tod, das Ohne-Leben-Sein, wie wir es in den Gesichtern so vieler Menschen in dieser Gesellschaft täglich sehen. Diesem Sterben und dieserart Tod – am Brot allein und fürs Brot allein – gebührt der äußerste Widerstand, der leidenschaftliche Kampf.

Unser Verhältnis zum Tode ist aber gerade umgekehrt als das Jesu und seiner Freunde. Wir halten uns an den honigsüßen Christus und wollen den bitteren Christus nicht. Den gewaltsamen Tod, der uns umgibt, den Tod als soziales Ereignis, den Tod durch Kriege, durch Unterernährung, durch Verdummung, den Erstickungstod am Brot allein, den täglichen schrecklichen Tod des Gar-nicht-Lebens akzeptieren wir mehr oder weniger als ein Schicksal. Den natürlichen Tod dagegen, den Krankheitstod des einzelnen bekämpfen wir mit großem Aufwand als vermeidlich. Hinnahme und mehr oder weniger Einverstandensein leisten wir aus dem allgegenwärtigen langsamen Ersticken gegenüber, Kampf und Protest gilt dem natürlichen und dem privaten Ereignis des Todes. Bis in die Traueranzeigen hinein spiegelt sich dieser Kampf und dieser Aufwand, auch der 80–Jährige stirbt heute „plötzlich“ und „unerwartet“ oder „unfassbar“. Es ist, als habe niemand gewusst, worauf er sich einließ mit dem Leben. Der sexuellen Aufklärung und Dauervorbereitung durch Erziehung, Wissen und technische Mittel wie die Pille entspricht eine kindisch anmutende Nichtvorbereitung auf den Tod, der nicht erwartet, gewusst, besprochen werden darf. Es gibt Altersheime, in denen das Gespräch über den Tod ein Kündigungsgrund ist, die Erwähnung des Sterbens oder des Sterbenden ist unerwünscht und kann mit dem Verlust des Platzes im Altersheim bestraft werden. Ärzte und Pfleger arbeiten mit daran, den Tod tabu werden zu lassen, sie können den Tod in ihrem Machtbereich nicht dulden, wohl aus Verdrängung des eigenen Todes. Die Angst, über den Tod zu sprechen, mit einem Sterbenden zu sprechen, das Faktum des Sterbens ins Auge zu fassen, wächst an. Wir müssen diese Verdrängung als ein Zeichen des ungelebten Lebens auffassen; je weniger ein Mensch gelebt hat, sich verwirklicht hat, seine emotionalen, kognitiven, sexuellen Möglichkeiten gelebt und erfahren hat, um so schwerer ist es für ihn zu sterben.

Man kann die Todesangst verstehen als das Gefühl eines Individuums, dass das Leben ihm doch etwas schuldig geblieben sei. Der Mensch, der sich wesentlich im Haben, im Leisten und im Konsumieren ausdrückt, muss sich gegen das Sterben wehren, er muss den Tod verdrängen und verleugnen. Die Verdrängung ist eine Form der sprachlos gewordenen Angst. Unter dieser Todesangst duckt sich der Mensch, solange er vom Brot allein lebt und nicht frei geworden ist. Das Ich, das nicht zur Identität mit sich selber gekommen ist, muss sich gegen das Sterben wehren; nur physisch gezwungen kommt es zur Annahme, während es doch das christliche Ziel des Sterbenlernens wäre, den Tod annehmen zu können. Hier, beim Sterben der Menschen, die nicht satt am Leben geworden sind, hat der Wunsch nach individuellem Weiterleben sein tiefstes Recht: im Protest gegen den Tod derer, die zu wenig, nicht zu kurz, aber zu wenig intensiv und authentisch gelebt haben. Es gibt nichts gegen den Tod – außer der Liebe, und darum ist der Tod von Menschen, die in diesen Strom der Liebe nicht eingetaucht sind, ohne Hoffnung. Gegen diesen Tod ohne Leben können wir unsere Parteinahme für das Leben nur als Protest und als Klage formulieren, aber das Leben, das den Tod enthält, lässt sich annehmen.

Dass wir nicht mehr hassen müssen und nicht mehr Angst zu haben brauchen, dass wir in das große Ja, das der Glaube bedeutet, einstimmen können, das schließt unser Sterbenlernen ein. Indem wir angstfreier leben, werden wir angstfreier sterben lernen. Je mehr wir ein Teil der Liebe werden, mit der wir uns eins wissen, desto unsterblicher sind wir. Christlich gesprochen liegt der Tod immer hinter uns, vor uns aber die Liebe. „Wir wissen, dass wir aus dem Tod ins Leben hinübergegangen sind, weil wir die Brüder lieben. Wer nicht liebt, bleibt im Tode“ (1. Joh. 3, 14). Christsein heißt: wir *sind* hinübergegangen, wir haben den Tod transzendiert. Unser Weg kann nicht biologisch beschrieben werden: erst geboren werden und dann sterben, sondern umgekehrt: aus dem Tode ins Leben übergehen. Der Einzelne braucht dann auch jene Krücken des Glaubens nicht mehr, die sich als Hoffnung auf ein Wiedersehen oder auf individuelle Fortdauer formulieren. Nichts kann uns scheiden von der Liebe Gottes, auch nicht das Wissen von der Vergänglichkeit unserer individuellen personalen Existenz. Nichts kann uns scheiden von dem unendlichen Leben, in das wir im Glauben eingewilligt haben, nichts kann den Tropfen vom Strom trennen, in den er gehört, nicht als etwas Überflüssiges oder Wesenloses, sondern als das, was den Strom überhaupt konstituiert. Was wäre der Strom ohne Tropfen, was wäre Gott ohne uns, was wäre die Liebe ohne die, die an ihr Anteil haben, die in ihr, von ihr und auf sie hin leben. Nichts kann uns scheiden von der Liebe Gottes. Als Ungeschiedene und Untrennbare leben wir und können es ertragen, nicht mehr dazusein. Wir können unsere aggressiven Kräfte und Fähigkeiten auf den Tod werfen, von dem die Bibel spricht, den Tod am Brot allein, der uns ersticken macht und die beiden anderen Drittel der Weltbevölkerung verhungern lässt. Wir werden sein wie Jesus war, der für das Leben der anderen eintrat und den eigenen Tod doch annehmen konnte. Wir lernen, wie Jesus zu sein und den Tod hinter uns zu haben. Unsere Kräfte sind dann nicht in den Widersprüchen der Angst, die wir nicht zeigen können und dürfen, gefesselt, sondern freigeworden. Unsere Frage lautet dann nicht mehr: Ist mit dem Tode alles aus? So können nur die fragen, deren Ich in den Grenzen des Individuums gefangen ist, die sich abkapseln von der großen berührenden und verwandelnden Wirklichkeit. „Ist mit dem Tode alles aus?“ ist eine gottlose Frage. Was ist denn dieses „alles“ für dich? Du kannst deinen eigenen Tod nicht mit der Formel „Dann ist alles aus“ beschreiben, eben weil es zur Definition eines Christen gehört, dass er für sich selber nicht alles ist. Nein, es ist nicht alles aus, sondern es geht alles weiter. Was ich wollte, was ich mit andern versucht habe, was ich angefangen habe, und woran ich gescheitert bin, es geht weiter. Ich esse nicht mehr, aber es wird Brot gebacken und gegessen, ich trinke nicht mehr, aber der Wein der Brüderlichkeit wird weitergetrunken. Ich atme nicht mehr als dieser Einzelne, diese Frau des 20. Jahrhunderts, aber die Luft wird dasein, für alle.

Gegen den tod

Ich muss sterben
aber das ist auch alles
was ich für den tod tun werde

Alle andern ansinnen
seine beamten zu respektieren
seine banken als menschenfreundlich
seine erfindungen als fortschritte der wissenschaft
zu feiern
werde ich ablehnen

All den anderen verführungen
zur milden depression
zur geölten beziehungslosigkeit
zum sicheren wissen
dass er ja sowieso siegt
will ich widerstehen

Sterben muss ich
aber das ist auch alles
was ich für den tod tu

Lachen werd ich gegen ihn
geschichten erzählen
wie man ihn überlistet hat
und wie die frauen ihn
aus dem land trieben

Singen werd ich
und ihm land abgewinnen
mit jedem ton

Aber das ist auch alles

Ein anderes verhältnis zum tod

Und als ich dich fragte wie du lebst
hast du angefangen mir vom tod zu erzählen

Auf einer abgelegenen straße oberhalb von bogota
im polizeiauto hast du damit gerechnet
dass sie dich umlegen

In einer intensivstation schon aufgegeben
hast du angefangen dich zu wehren
dumm hast du den tod da genannt

Bei den gewöhnlichen leuten in nicaragua
hast du gesehen wie anders sie
mit ihren vielen toten umgehen jeden tag

Die revolution ist
ein anderes verhältnis zum tod

Heute zwölf tage später merke ich
dass du mir etwas über die auferstehung gesagt hast
als du vom tod sprachst

In meinem land gibt man sich alle mühe
den tod zu übersehen
und die auferstehung koste es was es wolle zu vermeiden

Heute weiß ich etwas mehr über dich
der auf die frage wie er lebt
anfängt vom tod zu erzählen

Etwas mehr über ein land
in dem man das sterben
nicht für das schlimmste hält

Und ein bisschen mehr
über die auferstehung
noch nicht genug

Gegen die kälte

Als du gesagt hast zieh dir dein hemd über
es ist kalt
hab ich gedacht ich muss sterben
vielleicht dauert es noch fünf oder zehn Jahre
aber ein totenhemd werd ich anziehn müssen
weil es ist kalt
und es ist uns nichts gegen die kälte eingefallen
außer einem hemdchen

Über auferstehung

Sie fragen mich nach der auferstehung
sicher sicher gehört hab ich davon
dass ein mensch dem tod nicht mehr entgegenrast
dass der tod hinter einem sein kann
weil vor einem die liebe ist
dass die angst hinter einem sein kann
die angst verlassen zu bleiben
weil man selber
gehört hab ich davon
so ganz wird dass nichts da ist
das fortgehen könnte für immer

Ach fragt nicht nach der auferstehung
ein märchen aus uralten zeiten
das kommt dir schnell aus dem sinn
ich höre denen zu
die mich austrocknen und kleinmachen
ich richte mich ein
auf die langsame gewöhnung ans totsein
in der geheizten wohnung
den großen stein vor der tür

Ach frag du mich nach der auferstehung
ach hör nicht auf mich zu fragen

Der Tod meiner Mutter

Im September 1990 ist meine Mutter gestorben, sie war in jenem Sommer 87 Jahre alt geworden. Ich war die letzten neun Nächte und acht Tage an ihrem Sterbebett in meinem Elternhaus. Zunächst erkannte sie mich nicht, hielt aber meine beiden Hände mit ihren knochendürren fest. Sie gestikulierte und stöhnte tief oder rief laut, nach „Mama", „Papa", nach Straßburg, der Stadt ihrer Kindheit, manchmal auch nach ihren Enkeln, meinen Kindern. Als ich bei ihr stand, fing ich an zu reden, was mir in den Sinn kam. „Es dauert nicht mehr lange. Es ist ein dunkler Tunnel, da musst du durch, dahinter ist es hell. Fürchte dich nicht! Ich bleibe jetzt bei dir. Der Tunnel ist schrecklich, er ist zu eng, aber dann ist es weit und licht."

Dabei dachte ich daran, wie oft meine Mutter, die fünf Kinder geboren hat, den Tod mit den Mühen und Schmerzen der Geburt verglichen hat. Es war ein Gedanke, der sie zu beruhigen schien, der Tod eine Arbeit, die man zu Ende bringen muss. Ich wusste nicht, ob sie irgend etwas von meinen Worten aufnahm; sicher beruhigten sie die Berührung und meine halblaute, aber feste Stimme.

Dann fiel mir ein zu singen, weil die Worte nicht mehr trugen. Ich sang „Befiehl du deine Wege", ein Kirchenlied, das sie gern hatte und das eine meiner Töchter ihr zum 80. Geburtstag aufgesagt hatte. Ich sang die drei oder vier Strophen, die ich auswendig kannte, ich fügte dann andere Lieder an, auch liturgische Rufe wie das aus Taizé stammende „Laudate omnes gentes, laudate dominum". Wenn ich nicht weiter wusste, summte ich die Melodie noch einmal, laut und deutlich. Meine Mutter wurde ruhiger und schlief ein.

In den folgenden Nächten und Tagen habe ich viele Stunden lang gesungen. Ich besorgte mir ein Gesangbuch und las die Strophen nach, die mir fehlten. Dabei entdeckte ich, dass viele Lieder das Sterben einbeziehen, auch wenn sie über den anbrechenden Morgen oder die ruhenden Wälder handeln. Bei dem Vers „Der Leib eilt nun zur Ruhe/legt ab das Kleid, die Schuhe/das Bild der Sterblichkeit" nickte meine Mutter und streckte ihre Füße; es hat sie oft erleichtert, die Schuhe loszuwerden. Ich wusste nicht, wie weit sie die Fortsetzung „die zieh ich aus dagegen/wird Christus mir anlegen/den Rock der Ehr und Herrlichkeit" mithörte oder gar glaubte.

Aber alles, was ich sang, schien mir in Beziehung zu stehen. Ihre Füße waren blau und geschwollen, aber Paul Gerhardt wusste mehr als das über die Füße meiner Mutter zu sagen: „Der Wolken, Luft und Winden/gibt Wege, Lauf und Bahn/der wird auch Wege finden/da dein Fuß gehen kann." Das Wort „Luft" hörte sie, die oft nach Luft schrie, genau.

Viel deutlicher als meine Prosaworte war die Sprache der Lieder, die oft mit Erinnerungen an andere verbunden waren. So sang ich auch das sentimentale Lied „So nimm denn meine Hände" in Erinnerung an meine Patentante, die Diakonisse in Bethel war. Sie ist vor über fünfzig Jahren gestorben und war die erste Tote, die ich als Kind bewusst sah. Der Vers „In dein Erbarmen hülle/mich gänzlich ein" rief uns – oder nur mir, wer will das wissen – die große Decke des Abends, der Nacht und des Todes vor Augen.

Was tat ich da? Ich lud die Toten, die meine Mutter geliebt hat, ein, dazusein; ich nannte den Namen meines in Kriegsgefangenschaft verstorbenen Bruders. Mit den Gestorbenen kam die Vergangenheit zurück. Ich sang auch „Guter Mond, du gehst so stille durch die Abendwolken hin", ein Lied, das sie noch ihrem Urenkel sang wegen des zärtlichen Verses „Leuchte freundlich/den Betrübten/in das stille Kämmerlein".

Meine Mutter war ein Kind des 19. Jahrhunderts, obwohl sie von Freunden manchmal als eine Dame des 18. Jahrhunderts tituliert worden ist. Ihr Verhältnis zu Kirche und Frömmigkeit war formal, in den letzten Jahren eher kühl. „Das weiß man nicht", war eine Formel, mit der sie Religion und Glauben abwehrte. Es hat mich erstaunt, wie oft sie in ihrem fast vier Wochen währenden Todeskampf die Hände faltete. Als wäre das Schreien nicht genug.

Hin und wieder habe ich auch einen Psalm gesprochen, den 23. vom guten Hirten und den 126. Psalm. „Wenn der Herr die Gefangenen Zions erlösen wird, werden wir sein wie die Träumenden." Aber es schien mir fast, als ob die Fremdsprache lateinischer Gebetsrufe näher an sie herankam. Während der Zeit des Singens hatte ich ein Gefühl der Verbundenheit, als sei sie's so zufrieden. Es war nicht so, als täte ich etwas „für sie", sondern als wären wir zusammen und gingen miteinander auf etwas zu, das größer ist als wir. Meine alte theologische Überzeugung, dass Liebe ohne Gegenseitigkeit, ohne Geben und Nehmen von beiden Seiten, nicht möglich ist, dass auch Gott uns nichts „geben" kann, wenn wir nicht Träger und Geber eben der Kraft Gottes werden, hat sich in diesen Nächten am Sterbebett gefestigt.

Das Singen und Beten, wie es in der dörflich-katholischen Kultur noch lebendig ist, ist eine Hilfe im Übergang für die aktiv Sterbenden wie für die Begleitenden. „Swing low, sweet chariot", habe ich für die Mutter wie für mich selber gesungen, „coming to carry me home", als stünden wir alle vor dem Jordan, dort, wo Christus den alten finsteren Fährmann Charon abgelöst hat.

Der Arzt und die verschiedenen Familienangehörigen hatten den Tod schon oft vorausgesagt. Und wie sehr hatte sie ihn selber seit einem Jahr gewünscht! Oft hat sie eine Anekdote vom Sterben Hindenburgs erzählt, der den Arzt Sauerbruch fragte: „Herr Professor, ist Freund Hein schon im Zimmer?" und die Antwort erhielt: „Nein, Exzellenz, aber er steht vor der Tür." Mit solchen Geschichten drückte sie die Gewöhnung an das Sterben aus, ja den erst spät zugegebenen, dann aber immer lauter artikulierten Wunsch.

Aber die Lebensenergie war stärker als ihr Bewusstsein. Sie wollte immer noch viel: sich aufrichten, mehr Luft haben, herumgedreht werden, trinken. Einen ganzen Tag lang rief sie „Drehen!" in klagendem, forderndem, beschwörendem Ton, als seien diese Wörter wie „Hilfe", „Mama", „Drehen", „Raus" zwar auf verschiedene Tage verteilt, aber alle auf das gleiche Ziel gerichtet. Oft ging sie noch weiter von der Sprache fort, antwortete nur mit Kopfnicken oder -schütteln. Die Bewegungen der Arme und Hände waren kleiner geworden.

Am ersten Abend hatte ich den Vers „Wenn ich einmal soll scheiden" kaum zu Ende bringen können, weil mir die Tränen kamen. Am letzten Abend sang ich es ruhig, und bei der folgenden Strophe „Erscheine mir zum Bilde/zum Trost in meinem Tod" dachte ich an die vielen verschiedenen Bilder, die beim Sterben auftauchen, aus der Kindheit, aus der Angst, verlassen zu werden.

Die Namen der Enkelinnen und Enkel kamen meiner Mutter öfter als die der eigenen Kinder. Sollen wir uns an Bildern – wie das vom Tunnel mit dem Licht dahinter – festhalten? Werden sie gebraucht – von uns, den passiv Sterbenden, oder von denen, die den Tod suchen? Wenn der Tod der bilderlose Zustand schlechthin ist, ist es dann möglich, ihn mit Bildern auszustatten und ihn so zu humanisieren? Kann der Tod als „Freund, und komme nicht zu strafen", wie es bei Matthias Claudius – und Schubert – heißt, kommen?

Das letzte Lied, das ich sang, war „Herr, erbarme dich". Meine Mutter atmete seit längerem zum ersten Mal wieder stetig, wenn auch kurz. Ich hatte meine Hand auf ihre gelegt, ihr Gesicht war ganz entspannt. Der letzte Seufzer war leicht, wie ein erstauntes „Ach". Einen Augenblick lang zweifelte ich an der Präsenz des lang Erwarteten. Aber er war schon ins Zimmer getreten.

6 Auf uns wartet ein Segen

Sabbat – Brot für die Seele

„Du sollst den Sabbat heiligen." Wir können die Zeit unseres Lebens heiligen. Der Text steht im Zusammenhang des so genannten Heiligkeitsgesetzes (3. Mose 17–26). Die Grundlage dieser Gesetze findet sich in Gottes Wort an Mose: „Rede mit der ganzen Gemeinde der Kinder Israel und sprich zu ihnen: Ihr sollt heilig sein, denn ich bin heilig, der Herr euer Gott" (3. Mose 19, 2). Gott sagt nicht „Ihr sollt in Ehrfurcht niederfallen, denn ich bin heilig", sondern Gott sagt: Ihr sollt heilig werden. Wie kann ein menschliches Wesen, aus Staub und Asche, heilig werden? Abraham Heschel antwortet: Indem Menschen die Taten Gottes tun, seine Gebote erfüllen. Bei Jesaja heißt es, „dass Gott, der Heilige, geheiligt werde durch Gerechtigkeit" (Jesaja 5, 16). Wir leben von der Überzeugung, dass die Taten der Güte die verborgene Heiligkeit Gottes widerspiegeln. Sein Licht ist über unserer Vernunft, aber nicht über unserem Willen. Es liegt in unserer Macht, Gottes nicht endende Liebe in Taten der Güte zu spiegeln, wie Wasser, in dem der Himmel sich spiegelt (A. Heschel).

Gott wird geheiligt durch Gerechtigkeit, es gibt keinen anderen Weg zu Gott. Ich möchte die Heiligung des Lebens, die sich im Sabbat ausdrückt, unter ein Thema stellen, das ich Gottes Immanenz nenne: Gottes Anwesenheit in unserer Zeit, Gottes Sabbat in unserem Leben. Ich habe versucht, die Inhalte des Sabbats zu beschreiben, und möchte nun noch auf seine Gestalt eingehen. Wie feiern wir? Wie heiligen wir die Zeit, die uns gegeben ist? Wie kommen wir heraus aus dem Funktionalismus unseres Lebens?

Ich fürchte, es hat wenig Sinn, von unserem Sonntag auszugehen, wenn wir verstehen wollen, was der Sabbat im Judentum war und inwiefern er das Herzstück des Bundes ist, den Gott auch mit uns schließen will. Unsere Sonntage sind nicht viel besser als unsere Wochentage, sie sind funktionalisiert zur Wiederherstellung der ausgelaugten Arbeitskraft, sie stellen für die meisten kein Gegengewicht dar, nichts wirklich anderes. Das Wort „Sonntag" wird in unserer Alltagssprache zunehmend durch das Wort „Wochenende" ersetzt. Der Sabbat, der nach der jüdischen Tradition der Erinnerung an die Schöpfung und an die Errettung aus der Knechtschaft gewidmet war, hat da keinen Raum. Wir leben in einem spirituell unterentwickelten Land, und viele, gerade junge Menschen, spüren das und leiden unter einer Art Hunger; ich meine das Wort ganz ernst, sie „leiden" unter diesem Hunger nach Brot für die Seele, sie suchen nicht Steine und nicht Kuchen. Sie suchen nach einer Spiritualität im Alltag, nach Frömmigkeit, Meditation, Versenkung. Sie fühlen sich bedroht vom glatten Ablauf des Lebens: Ausbildung, Beruf, Karriere und Familie allein sind keine Ziele, für die es sich lohnt, und sie werden auch durch die Verknappung dieser realen Möglichkeiten, durch Arbeitslosigkeit, nicht sinnvoller. Die Identifikation der Menschen, ihre Selbstwerdung läuft nicht mehr einfach über die Arbeit. Es gibt eine Seins- und Legitimationskrise, die sich religiös als ein „spiritueller Analphabetismus" darstellt, eine Sprach- und Ausdruckslosigkeit, als hätten wir nie gelernt, den Sabbat, seine Erinnerung und sein Versprechen zu feiern. „Es gibt eine schweigende und unauffällige Beendigung des Lebens, die darin besteht, dass man sich selbst immer ähnlicher wird und sich immer stärker wiederholend zu sich selbst verhält: man denkt die Gedanken, die man immer schon gedacht hat, nur fester und starrer; man geht mit den Menschen um, mit denen man immer schon umgegangen ist, und nur mit ihnen; man verhält sich, wie man sich immer schon verhalten hat. Das Leben wird zur ungestörten Wiederholung seiner selbst und eine dauernde Rückkehr zu sich selbst. Das Haus, an dem man baut, wird immer enger, so eng, dass es nur noch der eigene Sarg ist." (Fulbert Steffensky)

Gedenke des Sabbats, dass du ihn heiligst (2. Mose 20, 8), sagt die Bibel, und das ist eine fundamentale Kritik an dieser Erstarrung des Lebens, an der Routine, an der Vergleichgültigung. Falsch ist nicht nur unser Verhältnis zur Arbeit, weil es verdinglicht ist und wir Arbeit mit Lohnarbeit gleichsetzen, falsch ist auch unsere Freizeit, weil sie nicht zum Sabbat wird, nicht „gedenkt“ und der Hoffnung nicht eine Gestalt gibt. „Gedenke des Sabbats“, bedeutet eine Weigerung das Geläufige zu tun. Der Sabbat ist eine große Geste der Selbstunterbrechung.

Ich denke an die Art, wie der Sabbat im jüdischen Stetl in Osteuropa gefeiert worden ist. Es war eine Welt von unvorstellbarer Armut, von Schmutz und Kälte, Hunger und Elend. Aber die Königin Sabbat kam und unterbrach das Übliche, das Normale. Ein weißes Tischtuch wurde in der kleinsten schmutzigsten Hütte ausgebreitet, die Sabbatkerzen wurden angezündet. Die Frauen legten den Schmuck, der nur in äußersten Notfällen verpfändet wurde, an. Der Arme tut, als sei er reich, der von Sorgen zu Boden Gedrückte richtet sich auf und sorgt sich nicht. Der und vor allem die hart Schuftende unterbricht den Alltag der Arbeit. Und ruht und gedenkt und erinnert sich, was ein Mensch ist: Sohn und Tochter des Höchsten, wie der Psalm sagt, weniger niedrig als Gott, mit Ehre und Schmuck gekrönt (Psalm 8, 6). Den Sabbat feiern bedeutet, feierlich sich selber zu unterbrechen, den zwanghaft gewordenen Kreislauf zu verlassen, ein Halt sagen der Selbstwiederholung gegenüber.

Lebendige Äußerung von Frömmigkeit bedeutet, dass ein Mensch sich selbst weggenommen wird, nicht nur noch sich selbst gehört. Die Menschen gehören Gott! Aber wie merken wir das? Dieser Bruch mit uns selbst geschieht auf zwei Weisen. Einmal ist Frömmigkeit ein Wegbrechen von der eigenen Bosheit, von meiner Ichverfangenheit. Ich fange an, meines Bruders Hüterin zu werden und nicht einfach weiterzufunktionieren. Ich nehme wieder wahr, was neben mir geschieht, ich sehe die Kaputtgemachten, die Verängstigten, die Verstörten. Ich verschwistere mich, ich werde ihre Schwester. Und zum anderen breche ich mit meiner eigenen Verzweiflung. Ich unterbreche meinen eigenen routinierten Zeitablauf. Ich erinnere mich, gehe in mich hinein, um dort etwas zu finden, das mehr ist als nur ich. Ich „gedenke des Sabbats“, denke an etwas, das größer ist als meine eigene Traurigkeit. Ich höre auf die Stimmen der Tradition. Vielleicht lese ich die Bibel, vielleicht bete ich, vielleicht schreibe ich einen Brief.

Was ich zu beschreiben versuche, ist mehr als der Weg nach innen. Ich gehöre nicht nur mir. Aus dem Verfallensein in uns selber herauszukommen, dazu genügen Wissen und Erkenntnis nicht. Unsere Selbstunterbrechung braucht eine Gestalt, wir brauchen eine Sprache, Gesten, Regeln und Versuche, miteinander aus der Trostlosigkeit herauszukommen. Hier haben die religiösen Traditionen ihren Platz. Sie bieten uns an, unsere Wünsche und Ängste zu formulieren. Sie sagen uns, wie Menschen früher den Kreislauf des Ich unterbrochen haben. Erinnere dich, sagen sie, gedenke. Wir können uns nicht einfach auf die eigene Spontaneität verlassen, denn unter der Macht der Sünde, dieser fatalen Mischung aus objektiver Bosheit und subjektiver Traurigkeit, hilft mir die eigene Spontaneität nicht weiter. Ich brauche einen äußeren Halt, es mag eine Versammlung sein, ein Treffen mit anderen, ein Buch, ein Psalm, den ich mit anderen spreche, ein Schweigekreis für den Frieden, an dem ich teilnehme, nicht um etwas zu bewirken, sondern um jemand zu sein. Ich mache ein Schild und schreibe die Worte „Die Erde gehört Gott" auf und stelle das Schild neben den Truppenübungsplatz, wo die Erde zertrampelt und geschändet wird. Ich versuche einen noch so kleinen Raum zu finden, den ich heilige. Einige Meter Stacheldraht vor den Massenvernichtungsanlagen, an die ich Blumen stecke oder das Foto meiner Kinder aufhänge. Ich versuche mit anderen, eine Zeit zu heiligen, im Schweigen, im Miteinander-Atmen, im Trauern. Ich höre der Erde zu und erinnere mich, dass sie Gottes ist. Ich schließe den Bund. Ich bekenne meine Sünden und höre Gottes Versprechen: „Ihr sollt heilig werden, denn heilig bin ich, euer Gott" (3. Mose 19, 2).

Der Sabbat ist eine Einrichtung der jüdischen Religion, eine Institution. Ein Tag soll „geheiligt" werden und die Selbstwiederholung sprengen, uns von der Routine des Alltags befreien. Gottes Immanenz soll sichtbar sein im Lächeln meines Bruders, in der Umarmung meiner Schwester. Aber lässt sich denn Frömmigkeit institutionalisieren?

Die Angst vor jeder Form der Institutionalisierung ist sehr groß bei uns, gerade unter denen, die den Auszug anfangen, die Selbstunterbrechung einüben und den Bund schließen wollen. Es gibt gute Gründe für die Angst vor Institutionen, wir fürchten die Arbeitsteilung, die Gewöhnung und die schnell entstehende Hierarchie und Herrschaft. Darum lehnen gerade Frauen, die jahrhundertelang vor allem beschädigt worden sind von der Institution Kirche, ihre Regeln und Mechanismen ab. Organisierte Religion ist ihnen zuwider. Lieber vertrauen sie auf die eigene Spontaneität.

Ich fürchte aber, dass Spontaneität keine Antwort auf unsere spirituelle Leere ist. Gedenke des Sabbats, dass du ihn zu einem heiligen, einem besonderen Tag machst, ist ein Angebot zu spiritueller Disziplin: zu bestimmten Zeiten zusammenkommen, bestimmte Worte der gemeinsamen Sprache wiederholen, Wünsche und Ängste miteinander teilen, Brot und Wein miteinander essen und trinken – das sind Formen der Gestaltung, ohne die wir in der Selbstwiederholung bleiben. Wir brauchen den Sabbat, die Erinnerung an die Schöpfung und an Gottes Bund mit uns. Wir brauchen Gottes Gegenwart.

Atem Gottes

Atem Gottes, hauch mich an
füll du mich wieder mit Leben
dass ich, was du liebst, lieben kann
„That I may love what thou dost love
and do what thou wouldst do."

Können wir das denn: tun, was Gott täte? Lieben, was er liebt, und wollen, was er will? Die mystische Tradition antwortet auf diese Frage mit einem klaren Ja. Die Einheit zwischen dem Schöpfer-Gott und dem kleinen Menschen wird nicht durch Zauber hergestellt, durch Drogen oder Ekstase, sondern durch die Einheit im Willen. Das klingt sehr nüchtern, aber vielleicht ist es die Grundlage jeder Spiritualität, die diesen Namen verdient. Mit Gottes Willen eins werden, ja sagen lernen, dein Wille geschehe, hier stehe ich, ein schwacher Mensch, der nichts so sehr will, wie dein zu sein, Gott, mit deinem Willen eins zu sein, der es nicht mehr erträgt zuzusehen, wie deine Schöpfung vergewaltigt wird, und der in den Widerstand wächst aus einer mystischen Liebe zu dir.

Namen Gottes

Einige dieser Namen Gottes habe ich behalten und will sie hier notieren: Lebendiges Wasser, Schwester, Die mir Mut macht, Die strahlenden Augen meines sieben Monate alten Sohnes, Vater und Mutter von uns allen, Alles ist möglich, Ferner.

Ich denke, dass die Namen Gottes geteilt werden müssen, um Namen zu sein. Wir müssen sie uns einander mitteilen. Was ist gut? fragt Meister Eckhart. „Das ist gut, das sich mitteilt und nützlich ist. Gott ist das Allermitteilsamste." Wenn Gott „das Allermitteilsamste" ist, die Kraft des In-Beziehung-Seins, dann sind wir gerade dann mit Gott verbunden, wenn wir ihn und sie teilen.

Leidenschaft für alles Lebendige

Alle diese Elemente einer schöpfungszentrierten Spiritualität – nämlich Staunen, Erneuerung, Schönheitsempfinden und Fähigkeit zur Freude – werden zusammengefasst im bewusst vollzogenen Lob der Schöpfung. Jemanden lieben heißt unter anderem auch die geliebte Person zu preisen, sie schön, originell, bemerkenswert zu finden. Loben ist ein zweckfreies Tun, zu dem mit Bewusstsein nur der Mensch imstande ist. Die frühen Kirchenväter glaubten, dass auch die Tiere Gott loben, wenn auch nicht bewusst. Das Schnurren der Katze ist eine Art, Gott zu loben. Wenn wir jemanden lieben, dann möchten wir unserer Liebe auch Ausdruck geben und von dem Menschen, den wir lieben, in einer Sprache reden, die unsere Freude und Dankbarkeit laut werden lässt. Das echte Gefühl der Liebe ist, anders als der Besitzwunsch oder die pathologische Abhängigkeit von einer Lebensdankbarkeit begleitet. Kann es dazu kommen, dass wir die Schöpfung so zärtlich lieben, wie Gott sie [...] liebt? Wenn ja, dann genügt es nicht, über die Schönheit der Natur nur nachzusinnen, dann müssen wir sie in Worte fassen. Unsere Gefühle werden stärker und deutlicher, wenn wir sie ausdrücken. Wir werden zu besseren Liebhabern der Erde, wenn wir ihr sagen, wie schön sie ist. Zu lernen, wie man die Schönheit der Schöpfung preist, braucht Zeit. Mit der Zeit zünden wir unsere Dankbarkeit für die Schöpfung wieder an und streifen das Selbst, das sie als selbstverständliche Gegebenheit betrachtet, ab. Wir entdecken wieder die Ehrfurcht vor dem Leben und gewinnen die verlorene Leidenschaft für alles Lebendige zurück.

Gotteshunger

Einmal hat ein Hörer meiner Vorlesung vor 330 Leuten etwas sehr Ehrliches gesagt. Etwa so: „Ich fühle mich eigentlich ganz wohl. Ich habe keine Fragen. Zugleich bin ich unbefriedigt, weil ich keine Fragen habe. Sie haben eben über geistlichen Hunger gesprochen, das hat mich erschreckt. Ich wäre auch gern hungrig, bin es aber nicht."

Mit dem Gotteshunger ist es so, dass er zwar wie der leibliche immer wieder kommt, dass er aber ganz leicht abgelenkt und umfunktioniert werden kann. Dann vergisst man ihn, schlägt sich den Bauch mit andern Sachen voll und erklärt „Ich bin nicht religiös." Dieser triviale Satz hört sich für mich ungefähr so an, wie wenn einer sagte: „Es macht mir nichts, dass meine Schwester vergewaltigt wird und mein Bruder in einem psychiatrischen Krankenhaus eingeht, ich bin sowieso auf beiden Augen blind und weiß nicht, was Tanzen heißt, ich bin eben nicht religiös."

Gott brauchen wir aus Schmerz, Angst und Wut, das sind die verstoßenen Geschwister der Liebe. Wenn wir Schmerz, Angst und Wut wieder an uns heranlassen, dann kommen wir heraus aus der Anspruchslosigkeit, dass wir vom Leben nicht mehr verlangen als das Butterbrot.

Früher gehörte Gott zum alltäglichen Brot. Die Gott-Sprache war eine allgemeine, für alle verständliche Sprache. Die Vision eines Lebens, in dem alle satt werden, war in dieser Sprache aufbewahrt. Heute fehlt die Vision, und das Essen ist eine Privatangelegenheit. Aber so anspruchslos, so visionsfrei, so geistlos, so auf Geld und Karriere zurückgebogen sind die Menschen nicht. Mit dem Gotteshunger ist es so, dass er nicht kaputtzukriegen ist.

Gott teilen

Es ist eine Illusion anzunehmen, Menschen gingen in die Kirche, um dort Gott zu finden. Solche Begegnungen und Treffen finden statt, um Gott zu teilen: Jeder bringt etwas mit von Gott, um es in der Gemeinsamkeit miteinander zu teilen:

Du bringst deinen Hunger nach Gott mit, dein Stückchen Freude im Leben hast du in der Tasche, was du bereits weißt von Gott, der schon mal mit „Strömen der Liebe“ auf dich geregnet hat – das alles bringst du mit. Vielleicht ganz klein, zerknittert, verschrumpelt – du bringst es mit.

Ohne dich ist Gott kleiner! Und mit dir feiern wir den geteilten Gott, wir loben, schimpfen, klagen, wir rufen Gott näher herbei.

Den Himmel erden – in uns und mit uns und nicht ohne dich, die da neben mir sitzt, und dich, der nicht ganz genau weiß, was das soll.

Gott fragt uns nach unsern Geschwistern. Wir sollten uns nicht taub stellen. Ich möchte hier eine Geschichte von einem meiner Enkelkinder erzählen, um die Sache klarer zu machen.

Dieses kleine Mädchen, 3½ Jahre alt, holte alle meine Tassen aus dem Schrank und baute sich – unter meinen besorgten Augen – ein Café auf. Es schenkte imaginären Kaffee an imaginäre Gäste aus. Nach einer Weile sagte ihre Mutter: „Jetzt musst du aufräumen, wir wollen zu Abend essen." Das Kind antwortete – nicht aggressiv, eher nachdenklich – mit dem Satz: „Mama, du, du denkst immer nur in echt."

Ein wunderbarer Satz! Mir fiel dazu ein, dass ich seit etwa fünfzig Jahren wenig „in echt" gedacht habe, sondern vielleicht in Transzendenz, in Auferstehung, vielleicht auch in Achtsamkeit. „In echt" denken hochgelehrte Theologen bei uns darüber nach, ob das Grab leer war oder ob Jesus darin verwest ist, aber sie wissen nicht mehr, dass es außer „in echt" noch etwas mehr, etwas anderes geben muss. Bedeutet Erwachsenwerden dann immer nur dümmer, immer blinder, immer effizienzbesessener und immer weniger achtsam zu werden?!

Die Krise der Religion innerhalb der reichen Welt ist auch eine Krise der erwachsenen Menschen, die sich total der nützlichen Richtigkeit unterwerfen. Jesus sagt: „Wer das Reich Gottes nicht annimmt wie ein Kind, der wird nicht hineinkommen." (Mk 10, 15)

Ein sohn des lebens

Ich glaube an Jesus christus
sohn des lebens bruder der Menschen
erstgeborener aller schöpfung
der uns an unsere geschwister erinnert
die bäume und die vögel des himmels
schwester wasser und bruder feuer
er verbindet uns mit allem was lebt
auf unserem kleinen planeten erde

Ich glaube an Jesus
den sohn des lebens
das uns geschenkt wird
damit wir es weiter verschenken
er hat die kranken geheilt und die traurigen
er hat die hungrigen gespeist und die verzweifelten
ein mitarbeiter der schöpfung
die weitergeht an jedem tag
in unserer arbeit
wenn wir unsere heimat vor der plünderung schützen
unseren kleinen planeten erde

Ich glaube an Jesus
sohn des lebens und einer armen mutter
politischer gefangener unter pontius pilatus
zu tode gefoltert auch heute in den polizeikellern
lagern und kriegen
die wir noch immer dulden
auf unserem kleinen planeten erde

Ich glaube an Jesus
den erstgeborenen aus dem tode
sie konnten ihn nicht fertigmachen
er ist von den toten auferstanden

Er verbindet uns mit den toten vor uns
um die wir trauern
und den toten neben uns
die wir nicht gerettet haben
sie alle sind unsere schwestern und brüder
auf dem kleinen planeten erde.

Ich glaube an Jesus christus
kind des lebens
eine schwester für alle menschen
die wahrheit die uns frei machen wird
von dem zwang auszubeuten
und aus dem tode profit zu schlagen

In christus spüren wir den geist des lebens
in einer todessüchtigen welt
wir stehen auf mit ihm zu kämpfen
zu leiden und unser leben zu geben
bei gott sei alles in allem
auf unserm kleinen planeten erde

Amen

Lesen

Eine afrikanische frau
auf einer konferenz befragt
warum sie denn immer die bibel läse
es gäbe doch so viele bücher
sie könne doch nun lesen und schreiben
gab in die enge getrieben
schließlich die antwort
ich lese doch gar nicht
das buch liest mich

Antwort auf die frage ob das christentum etwas befreiendes für mich habe

Es war immer langweilig in der kirche
hör ich sagen aber
die es mir sagt ist schon lange erstickt

Es hat mich nicht angesprochen
hör ich sagen aber
ich habe keine sprache gehört
als sie den lautsprecher abstellten

Es hat mir immer angst gemacht
hör ich sagen aber
der es mir sagt ist täglich beschäftigt
den overkill zu verbessern

Das evangelium hat mich weinen gelehrt
es hat mir angst gemacht vor den angstlosen
es hat mich angesprochen unter den sprachlosen
es hat mich durstig gemacht unter den gelangweilten

Das ist ein relativer fortschritt

Das Nichts, das alles werden will

Nicht: Gibt es Gott? ist die Frage feministischer Befreiungstheologie, sondern: Ereignet sich Gott auch bei uns? Im Prozess der Bewusstwerdung, auf dem Weg aus dem gesellschaftlich verhängten Nicht-Sein heraus, wird die Frage, ob wir Gott brauchen, ausgegraben aus dem Schutt der Tradition. Oft habe ich den Eindruck, dass in den Ängsten und Verzweiflungen von Frauen die Sehnsucht nach Transzendenz dessen, was der Fall ist, am deutlichsten spricht. Es ist müßig, Theologie zu treiben, wenn wir uns nicht diesem vertrackten Brechtschen „Brauchen" Gottes nähern. (Herr K. in Brechts Keunergeschichten antwortet auf die Frage, ob er an Gott glaube, mit der Gegenfrage, ob sich dadurch etwas ändere.) Und gebraucht wird die Vergewisserung der Gottheit, die uns herausholt und unsere Füße auf weiten Raum stellt. Ohne den Gott-in-uns, den *God-within,* erstarrt der Gott-über-uns, der *God-above* zum Fetisch, der Auschwitz gewollt hat. Hier, wie auch bei denen, die den Atomkrieg weiterhin freudig vorbereiten, weil Gott ja sowieso alles in der Hand hat, ist Gott und Abgott, um mich so reformatorisch auszudrücken, schlechterdings zusammengefallen. Sie sind ununterscheidbar geworden. Angebetet wird die – manchmal Gott genannte – Macht, der phallische Stier. Sein ist die Macht, wir sind ohnmächtig. Je transzendenter, desto göttlicher. Die Überwindung solcher verdinglichter Transzendenz ist die Aufgabe einer befreienden Theologie. Verdinglichte Transzendenz stellt den Gott dar, der nichts anderes kann als ein Supermann, der also unabhängig, unberührbar und machtvoll agiert. Die Absolutheitsaussagen über Gott – „seine" Allmacht, Allwissenheit, Allgegenwart, alle drei „Omnis" – drücken die fatale imperialistische Tendenz der Theologie aus, eben die Macht des Herrschers.

In der feministischen Theologie geht es also nicht nur um den Austausch von Pronomen, sondern um eine andere Art, Transzendenz zu denken, sie nicht mehr in der Unabhängigkeit von allem und in der Herrschaft über alles andere zu verstehen, sondern eingebunden in das Gewebe des Lebens. Goethe sagt in seinen Aphorismen über die Liebe: „Freiwillige Abhängigkeit, der schönste Zustand, und wie wäre er möglich ohne Liebe?" Gott ist nicht weniger freiwillig-abhängig, als wir alle in der Liebe sein können. Das bedeutet, dass wir vom Gott-über-uns zum Gott-in-uns kommen und die falsche hierarchisch gedachte Transzendenz überwinden. Eine Annäherung an die Mystik, die das hierarchische männliche Gottesverständnis am weitesten überwunden hat, ist notwendig, freilich eine Mystik, die den Durst nach realer Befreiung nicht im Meer des Unbewussten absaufen lässt.

Nach einem Satz von Jakob Böhme ist Gott „das Nichts, das alles werden will". Das real erfahrene, machtlose Nichts des beschädigten Lebens, mit dem die feministische Befreiungstheologie beginnt, wird nicht von außen erlöst. Auch für uns ist „kein höhres Wesen, kein Gott noch Kaiser noch Tribun" zuständig, wohl aber Einbindung in den geschwisterlichen Grund des Lebendigen. Die mystische Gewissheit, dass uns nichts von der Liebe Gottes trennen kann, wächst, indem wir selber eins mit der Liebe werden als solche, die sich – in Freiheit und ohne Erfolgsgarantie – auf die Seite der Liebe stellen.

Gott träumt uns

Vor einigen Jahren hatte ich in der Nähe von Hamburg ein Treffen in einer Kirchengemeinde, in dem wir uns an die Kristallnacht von 1938 erinnerten. Dort tauchte eine Frau auf, die sich als Außenstehende einführte. Sie erzählte, sie habe sich jahrelang mit dem jüdisch-christlichen Problem herumgeschlagen, weil sie wissen wollte, wie es zur Shoah, zur Vernichtung der europäischen Juden, gekommen sei. Sie beendete ihren Beitrag mit den Worten: „Als ich Auschwitz verstanden hatte, schloss ich mich der Friedensbewegung an." In dieser Aussage fand ich einen anderen Gott als den omnipotenten Herren des Himmels und der Erden, der vollständig unabhängig von uns ist. Diese Frau hatte verstanden, dass Gott in der Nazizeit in Deutschland klein und schwach war. Gott war tatsächlich machtlos, weil er keine Freundinnen und Freunde hatte, Gottes Geist hatte keine Wohnung, Gottes Sonne, die der Gerechtigkeit, schien nicht. Der Gott, der Menschen braucht, um zu sein, war ein Nichts.

Diese Frau sah nicht zum Himmel auf, um sich von einem allmächtigen Vater trösten zu lassen. Sie sah nach innen und um sich herum. Sie fand „das von Gott", wie die Quäker oft sagen, in sich selber, die Kraft zum Widerstand, den Mut für ein klares Nein in einer Welt, die betrunken ist vom Blut der Unschuldigen.

Und sie fand eine andere Gabe des Geistes, die Hilfe anderer Geschwister. Sie war nicht allein. Sie unterwarf sich nicht einem Gott, der fälschlich als Schicksal verstanden wird. Sie dachte auch nicht daran, ohne Gott und in vollständiger Anpassung an die Werte dieser Welt – Karriere, Ansehen, Einkommen – zu leben. Sie hielt stattdessen an dem Gott fest, der als die Kraft der Befreiung in uns ist. Ihr Gott war klein, war eine Minderheit, war lächerlich, politisch verdächtig und unter pragmatischem Gesichtspunkt ohne Erfolg. Praktisch gesprochen ist Gott für die übergroße Mehrzahl irrelevant, und zwar gerade wegen seines Nicht-Eingreifens. Aber Gott ist (um einen Ausdruck amerikanischer Theologen zu gebrauchen) kein „Interventionist", der intervenierend eingreift, sondern ein „Intentionist", der seinen Willen und seine Intention erkennbar macht. Ich könnte auch einfach sagen: Gott träumt uns, auch heute.

Aber, so höre ich einwenden, über Gott zu reden, hat das nicht nur dann Sinn, wenn Gott irgendeine Macht verkörpert? Wenn sich etwas in unserem Leben verändert durch Gott und mit Gott? Wer ist dieser Gott, der eine Frau dazu gebracht hat, Auschwitz nicht auf sich beruhen zu lassen, das Schicksal nicht Schicksal sein zu lassen, dem ordinären Fatalismus der Unterwerfung unter die Wölfe, die am lautesten heulen, nicht stattzugeben? Hat denn solch ein Gott irgendeine Macht, oder ist diese Art Gottheit im Angesicht der Gewalt, die uns beherrscht, so machtlos wie irgendein Kind in Bethlehem? Ich denke, diese Frage, ob Gott der ist, der alles in der Hand hat, eingreifen kann, oder ob Gott klein ist unter der Gewalt dieser Welt, kann nicht rational entschieden werden, wohl aber existentiell. „Als ich Auschwitz begriffen hatte, schloss ich mich der Friedensbewegung an." Ich wurde nicht Gott los, wie viele, die ihm die Verantwortung allein übertragen hatten, ich begriff vielmehr, dass Gott uns braucht, um das, was in der Schöpfung gemeint war, zu realisieren. Gott träumt uns, und wir sollen ihn nicht allein träumen lassen. In einem lateinamerikanischen Lied heißt es:

Eines Tages wird die Erde allen Menschen gehören
und die Menschen werden fei sein,
so wie du Gott es gewollt hast,
von Anfang an.

Dieses Lied spricht *zu* Gott, nicht *über* ihn. Es befreit uns von dem Schicksalsgötzen, in dessen Macht alles kommt, wie es eben kommt. Es verbündet uns mit einem Gott, der nicht der allmächtige Sieger ist, sondern auf der Seite der Armen und Benachteiligten steht. Ein Gott, der immer noch versteckt ist in der Welt und sichtbar werden will.

Vergebung

Christus lässt uns nicht so einfach herausschlüpfen. Sünde, das hat er uns beigebracht, auch wenn wir es gern vergessen, das ist der Zustand unserer Welt, der uns anklagt, es sind schon *unsere* Toten in den Slums von Brasilien, weil wir an ihnen verdient haben und es uns auf ihre Kosten so gut geht. Das sind nicht Naturkatastrophen oder rätselhafte Wirtschaftsgesetze, sondern das ist genau das, was die christliche Tradition meint mit dem Wort Erbsünde. Das heißt, wir stehen in einem Zusammenhang von Unfähigkeit und Schwäche, von Hoffnungslosigkeit und Bosheit, den wir nicht selbst gemacht haben, aber mittragen und miterhalten. Wir sind Kollaborateure der Sünde. Wenn wir also fragen, was kann ich dafür? Was geht es mich an?, dann gibt es für einen Christen, wie theistisch oder atheistisch er auch sei, nur eine einzige Antwort, die heißt: Ja, ich bin das, das ist meine Sache, unsere Sache. Das ist unsere Welt, an der wir mitbauen.

Aber Gott? werden Sie sagen. Können wir ihn nicht um Vergebung bitten? Ist er nicht größer als unser Herz, das uns verklagt? Verzeiht er nicht und richtet er uns nicht auf? Ich habe in einigen Gesprächen mit Juden etwas gelernt, was ich den jüdischen Ekel an der christlichen Vergebung nennen möchte. Eine sehr präzise Empfindung dafür, wie rasch das bei Christen geht, wie schnell sie ihren Gott aus der Tasche ziehen – und alles ist wieder gut, wie verbal das bleibt gerade bei Protestanten, wenn sie Reue sagen oder „verzeih mir", wie verlogen. Die Juden haben demgegenüber eine Art Stolz. Sie winseln nicht – und ihr wichtigstes Wort für unsere Sache ist nicht Vergebung, sondern Umkehr.

Vielleicht ist es eine Ketzerei, aber ich kann mir einfach unter Vergebung nichts vorstellen, wenn sie ohne die Menschen, die ich beleidigt habe, geschieht. Gott vergibt nicht hinter dem Rücken von Menschen. Vergaste können nicht vergeben. Verhungerte können nicht mehr vergeben. Menschen, die – mit meiner Hilfe – um ihr Leben betrogen worden sind, bitter Gewordene, Neurotiker, Zerstörte, sie können nicht vergeben. Und ein Gott, der das dann für sie mit mir abmacht, für den möchte ich mich eigentlich bedanken. Der verachtet ja die, die schon genug verachtet worden sind, noch einmal, indem er ihnen auch noch das Recht, selber zu vergeben, wegnimmt.

Ich glaube also nicht an die Art von Vergebung, die von oben kommt, ich möchte hier unten gern vergeben bekommen, und wenn das nicht geht, dann soll dieser Gott seine Vergebung für sich behalten. Aber der Gott, den die Bibel meint, ist auch nicht „der-Gott-da-oben", der alles, was wir versiebt haben, in Ordnung bringt. Was er uns anbietet, ist nicht diese billige Tour, uns mit ihm zu arrangieren. Ein jüdischer Lehrer hat einmal gesagt: „Die große Schuld des Menschen sind nicht die Sünden, die er begeht, – die Versuchung ist mächtig und seine Kraft gering! – die große Schuld des Menschen ist, dass er in jedem Augenblick die Umkehr tun kann und nicht tut." (Rabbi Bunam, in: M. Buber, die Erzählungen der Chassidim. Zürich 1949, 755.) Umkehr ist vielleicht ein klareres Wort für Vergebung. Dass mein Leben trotz der Sünde, in der ich bin, Sinn hat, das kann sich nur in Umkehr erweisen. Tatsächlich ist es so, dass wir, um Vergebung der Sünden zu erfahren, eine Gruppe von Menschen brauchen, die uns den Wiederanfang ermöglicht, oder zumindest Partner, Mann oder Frau oder Freunde, die uns annehmen, wie wir sind, die uns unsere Reue glauben und die uns Umkehr zutrauen.

Gott wird Mensch

Es sind kindheitsgebundene Träume und Sehnsüchte, denen wir an Weihnachten nachhängen, wir vergessen das eigene, inzwischen erwachsen gewordene Leben, in dem es doch auch im Mai vorkommt, dass man sich auf einen Menschen wie auf Weihnachten freut. Wir vergessen, dass wir es längst gelernt haben, unsere Spannung, unsere Kraft, unsere Vorfreude, also das, was ich unsere Macht genannt habe, in unserem eigenen Leben selber zu realisieren, und dass nur diese Form von Erfüllung, die erwachsenen, selbständig gewordenen Menschen geschieht, den Namen „Gnade" im Ernst verdient. Wir verniedlichen und wir banalisieren die Gnade, wenn wir sie im Modell des bürgerlichen Kindes unter dem Weihnachtsbaum denken, aber die christliche Erziehung, die die meisten von uns genossen haben, verführt zu solchen kindischen und sentimentalen Träumen. Wir erwarten beschenkt zu werden, obwohl wir schon gelernt haben, dass das Schenken nicht mit Dingen abzumachen ist, sondern nur mit dem Leben selber, das man verteilen oder horten kann. Wir haben Angst vor Weihnachten, weil dieser Tag uns daran erinnert, dass uns die Intensität der Kinder abhanden gekommen ist.

Manchmal kommt es mir so vor, als hätten Christen es schwerer, erwachsen zu werden als Nichtchristen. Die Religion hält in ihnen eine Sehnsucht, einen Anspruch, eine Hoffnung wach, die sich nicht abspeisen lässt und die die uns abverlangte Anpassung an das Bestehende erschwert. In einer Welt wie der unseren, in der Religion keine unzweideutige soziale Ausdrucksform hat, wie sie z. B. die Mönchsorden im Mittelalter darstellten oder einige christliche Gruppen in sozialistischen Ländern sie versuchen, in der die Kirchen eher als „Versicherungsanstalten gegen zu viel Religion" fungieren, bindet sich die Sehnsucht vieler Christen nach Realisierung dessen, was der Glaube erhofft, zurück an die Kindheit und an eine für das Kind richtige, im Erwachsensein aber überwundene Erwartungshaltung, die alles vom anderen und von außen erhofft.

In dieser Erwartungshaltung geraten Menschen in ein fatales Verhältnis zur christlichen Tradition, das mit dem Ausdruck „sich arrangieren", mit Hilfe von Blockflöten oder Kerzen, noch allzu harmlos umschrieben ist. Das Evangelium selber kritisiert diese Erwartung, weil wir in ihr – und darum ist sie so schwer auszurotten – immer noch auf Gott hoffen in einer vollständig unvermittelten Form. Wir denken uns eine Begegnung mit ihm, ein Wahrwerden seiner Wirklichkeit, eine Veränderung unserer Wirklichkeit, die dann – so träumen wir – mit einem Schlag erfüllt und heil ist. Aber ist es das Evangelium der Heiligen Nacht, das uns dazu ruft, auf das Licht von oben zu warten? Müssen wir uns selber zu Hirten stilisieren, die im Dunkel wandernd den Stern ihrer Träume erblicken? In gewissem Sinne verhalten wir uns zu den Geschichten von Weihnachten wie Voyeure, wie Leute, die einem Liebesakt zusehen und sich von ihm erregen lassen, ohne eine aktive partnerbezogene eigene Spontaneität zu entwickeln. Tatsächlich ist es beschämend, Voyeur an den Erlebnissen und Gefühlen anderer Jahrhunderte zu sein, deren religiöse Verhaltensformen wir nicht wiederholen wollen, deren Gefühle und Erlebnisse wir nicht nachvollziehen können und die uns fremd bleiben, wiewohl sie eine unvergessene Hoffnung in uns erhalten, aber so, dass sie sie nicht eigentlich brennen, nur glimmen lassen. Man muss diese komplexe Beziehung zur Religion nach zwei Richtungen hin aufarbeiten: Das religiöse Bedürfnis, das sich im Wunsch, Weihnachten zu feiern, ausdrückt, hat seine Wahrheit darin, dass es sich mit der Gegenwart nicht abfindet und wie Kinder „alles" haben will, es verbiegt diese Wahrheit aber ins kindische, passive Erwarten. Es kommt also nicht darauf an, die eigene kindheitsgebundene Sehnsucht einfach loszuwerden und sie durch den unbedenklich genossenen Weihnachtskonsum zu ersetzen, aber wir müssen erkennen, inwiefern diese Sehnsucht zu einer Sentimentalität verkommen ist, die mit dem Evangelium nichts zu tun hat.

Worin besteht denn aber dieses weihnachtliche Evangelium und inwiefern können wir an der Macht von unten, die es verspricht, teilnehmen und von ihr lernen? Es ist eine Aussage, die wie alles im Evangelium einfach und schwer zu machen ist, sie heißt: Gott wird Mensch. Es ist kein Zweifel darüber, was man das Geheimnis des Glaubens nennen könnte, die Kraft, aus der er schöpft. Wo der Glaube in der Geschichte der Christenheit innerhalb der kirchlichen Apparate verraten wurde, da wurde dieser Satz zuschanden – dass Gott Mensch geworden ist; da blieb Gott Gott, der erhabene Moloch, dem zu Ehren Kriege geführt werden, Ketzer der Inquisition übergeben und Hexen verbrannt werden mussten. Was es bedeutet, dass Gott Mensch wird, das sei hier in zwei Richtungen entfaltet, die erste heißt: Gott wird immer wieder Mensch, und die zweite: Gott wird immer mehr Mensch. Man muss es in der Gegenwart denken, dass Gott Mensch wird, weil sonst die perfekte, vergangene Aussage, dass Gott einmal Mensch geworden ist, zu einem religiös verdinglichten Faktum wird, einer Art Götzenbild, das keinen Schritt über die anderen Religionen hinausführt und das wie ein Stein gegen andere benutzt werden kann. Der Satz, dass Gott Mensch geworden ist, also die vergangene, perfekte, abgegrenzte Aussage, ist in der Geschichte der Christenheit unter anderem zum Mord an denen benutzt worden, die diesen Satz nicht anmahnen, den Juden. Ich meine, das sei ein Grund, diesen Satz zu korrigieren. Es genügt nicht zu sagen: Gott ist einmal vor 2000 Jahren Mensch geworden, weil man auf diese Weise nur dogmatisch korrekt verfährt, die Menschen aber, die von der Inkarnation etwas haben sollten, wieder mit den indes längst zum Himmel Emporgestiegenen allein lässt. Das Geheimnis des Evangeliums ist nicht diese auf Vergangenes bezogene Formel, dass Gott früher einmal Mensch geworden ist, sondern dass er immer wieder Mensch wird. Inkarnation ist kein einmaliger Vorgang, der um 30 nach Christus in Jerusalem abgeschlossen wurde; Inkarnation, wenn wir überhaupt wissen, was das bedeutet, geht weiter. Gott wird immer wieder Mensch, auch heute. Wer Gott im Gesicht des Kindes von Bethlehem gesehen hat, der wird kein Kind mehr ansehen können, ohne sich dieses Kindes zu erinnern, nein, Erinnerung ist ein zu schwaches Wort, man kann vielleicht sagen, dem wird Gott immer wieder Mensch, dem begegnet Gott an dem einzigen Ort, wo er nach dem Evangelium begegnen kann – eben nicht im Anstaunen des Universums oder im Kultus, sondern im anderen Menschen. Dann wird unser Stall die Baracke in der Vorstadt und unsere Krippe das Friedensdorf der von Napalm verbrannten Kinder, und wir brauchen Stall und Krippe, Ochs und Esel, Stern und Lobgesang nicht mehr in den ehrwürdigen Häusern der Tradition zu suchen, weil sie so nah bei uns sind, dass sie für uns das Nächste werden.

[…] Gott wird immer wieder Mensch, darin ist jeder Zynismus abgewiesen, auch der versteckte, der das Leben teilweise bejaht und gelegentlich liebt und es unter Umständen schützt und rettet. Wir meinen das ganze, das unausgeschöpfte Leben, das beschädigt wird, wenn es auch nur zeitweilig oder bedingt als Sache angesehen wird. Gott wird immer wieder Mensch, das bedeutet, dass menschliches Leben nicht dem Zufall, der Banalität oder den Planungsbüros einfach ausgeliefert ist, weil wir in jedem Menschen Gott, wenn nicht erkennen, so doch glauben.

Liebe

Das ursprüngliche Christentum hat, um seinen Grundbegriff und seine Praxis von Liebe zu beschreiben, nicht auf den Eros zurückgegriffen, sondern ein sehr viel unscheinbareres griechisches Wort namens „Agape“ gewählt. Dieser Begriff stammt aus der Tradition des geschwisterlich geteilten Essens, der Feier des Abendmahls. Agape bedeutete: Sklavinnen und Herren, Färberinnen, die den Gestank der Tierhäute nicht loswurden, und Geschäftsinhaber, jüdische und griechische Menschen, Ortsansässige und Fremdlinge teilten miteinander, was sie zu essen hatten, in der Feier des Glaubens. Das Essen war der sinnliche Ausdruck des Miteinanders, das Liebesmahl verband sie. Der Leib war ihnen nicht eine lästige Nebensache, die den Aufstieg zum Höheren erschwert, sondern er gehörte mitten hinein in das neue befreite Leben.

In der späteren theologischen Reflektion versuchten Kirchenväter und Bischöfe säuberlich zu trennen zwischen einer Liebe von oben und einer Liebe von unten. Die eine Liebe sollte von Gott ausgehen, und die andere unter den Menschen sollte bestenfalls Gott spiegeln, aber alle sexuellen Konnotationen möglichst ausschließen. Diese Trennung von „göttlicher" und „irdischer" Liebe ist von Beginn an in der Jesusbewegung unterlaufen worden. Vor allem das Johannesevangelium erzählt Liebesgeschichten, die von Jesus und seinen Beziehungen zu Menschen wie Maria, Martha, Lazarus und dem Lieblingsjünger Johannes handeln, ohne Scheu vor erotischen Zügen. Es sind wunderbare Beispiele für die schöpferische Kraft, die dort aufleuchtet, wo das, was wir Eros und Agape nennen, eins geworden sind.

„Wer nicht liebt, hat von Gott nichts verstanden, denn Gott ist Liebe" (1 Joh 4, 8). In diesem kleinen Satz „Gott ist Liebe" gibt das Neue Testament seine einzige „Definition" des nicht definierbaren Gottes an. Und gerade hier sind die beiden Qualitäten der Liebe, zu geben und zu nehmen, neu zu werden und neu zu machen, Leben zu schenken und lebendig zu werden, zusammen gegenwärtig. Sie sind untrennbar. Das patriarchale Verständnis von Sexualität, das genitale Sexualität abspaltet von dem großen Geflecht der Beziehungen unserer Körper und Seelen zu anderen Menschen und zur Welt, hat hier nichts zu suchen.

Agape ist die Fähigkeit der Selbsthingabe des Ego. „Im Anfang war die Beziehung", so drückt der jüdische Religionsphilosoph Martin Buber dieses Grunddatum menschlicher Existenz aus. Wir sind nicht einfach der wirtschaftsfähige Mensch, für den es genügt, seinem erleuchteten Selbstinteresse zu folgen, wir brauchen etwas mehr zum Leben als *self interest.* „Am Anfang“ war nicht der *homo oeconomicus,* dieses geschäfts- und genussfähige Einzelwesen, zu dem wir gemacht werden sollen, sondern die Selbsttranszendenz der Liebe.

Geliebt zu werden, ruft unsere Fähigkeit zu lieben hervor. Aber ist, um das zu verstehen, eigentlich Religion notwendig? Genügt nicht die rationale Analyse? Leistet nicht die Psychologie das, was da zur Aufarbeitung der Eltern-Kind-Beziehung notwendig ist? Inwiefern ist da mehr notwendig? Ist die *religio*, die Rückbindung, zumal in ihren institutionalisierten Formen, nicht eher ein verkrustetes Gewebe um diesen glühenden Kern herum, das eher ablenkt als aufzubauen? Ich denke, dass unsere Beziehungsfähigkeit eine Sprache braucht, die mehr ist als die der Argumente. Das Geheimnis des Lebens, dem Menschen in den verschiedenen Religionen Namen wie der Ewige, der Dreieinige, Allah, die Energie, die Gütekraft, das Unaussprechliche gegeben haben, will geteilt werden. „Gott ist das Allermitteilsamste“, sagt Meister Eckhart – ein Satz, der mich oft in Verzweiflung stürzt, weil es häufig absolut unmöglich scheint, auch nur das Mindeste von diesem Geheimnis weiterzugeben. Die Religion erwächst aus der Notwendigkeit, eine Sprache zu finden, die aufs Ganze geht, die mehr einklagt und herbeiruft als das, was ablesbar ist und machbar ist.

Es liegt im Interesse der Liebe, auf die Notwendigkeit einer Sprache hinzuweisen, die uns mit anderen und mit einer Tradition verbindet, die über die reine Subjektivität hinausgeht. Wir sind alle „unheilbar religiös“, wie Nicolaj Berdjajew gesagt hat. Sich von dieser Krankheit zu verabschieden, ist zugleich eine Aufgabe der Erotik Gottes, ohne die Leben nicht lebt. Meine Zweifel an den Menschen, die sich von dieser Krankheit „geheilt“ glauben, die mit Religion „nichts am Hut“ haben, sind mit der Totalisierung unserer Ökonomie immer mehr gewachsen. Können wir denn ohne „die Liebe Gottes, die höher ist als alle Vernunft" leben? Ist nicht der Verzicht auf Religion ein Verzicht auf Eros? Von einem Menschen zu sagen, er oder sie sei „unerotisch", scheint mir eine Art Todesurteil. Die Zerstörung unserer anderen Wünsche und Träume vom Leben aller auf diesem Planeten schreitet mit der Erübrigung von Religion voran. Ist nicht das, was viele für eine Art aufgeklärterer Intelligenz halten, eher nach dem Muster „Behandlung (der Krankheit, Religion) erforderlich, Patient leider tot" zu beschreiben?

Das „Reich der Himmel", von dem das Evangelium spricht, meint etwas ganz anderes. Es will uns beteiligen an diesem Reich, in dem die Letzten die Ersten werden. Wir sollen den Ewigen lieben, indem wir Anteil haben an seinem Sein. Am klarsten wird das im Neuen Testament in den Schriften des Johannes, der als der Apostel der Liebe gilt und traditionell für das mystische Element in der christlichen Religion steht. „Das von Gott in uns", von dem die Quäker als neuzeitliche Mystiker sprechen, ist in der Tat nichts anderes als die radikale Annahme des jüdischen Grundgebotes, das sich auf die Liebe zu Gott bezieht. „So liebe denn Ihn deinen Gott, mit all deinem Herzen, mit all deiner Seele, mit all deiner Macht" (Dtn 6, 5, übersetzt von Martin Buber).

Wann tun wir denn etwas ganz, ohne Vorbehalte, ohne Wenn und Aber, ohne Lohnerwartung oder Strafbefürchtung, ohne Zwänge und ohne dieses tödliche „und dann?", das den Augenblick zerstört? Wann leben wir denn etwas, das reines Jetzt wird und in dem wir ganz das sind, was wir tun? „I am what I do" ist eine klassische mystische Formulierung für dieses Ganzsein. In der Liebe fallen Sein und Handeln zusammen.

Der buddhistische Mönch Thich Nhat Hanh drückt das gleiche Grunddasein mit der Formel aus: „Das Geschirr spülen, um das Geschirr zu spülen". Es ist ein Akt unabgelenkter Hingabe – und sie setzt die Fähigkeit des oder der Einzelnen, sich an das Ganze zu binden, voraus. Das Ego ist nicht der letzte Horizont des Selbst. Wir können aus uns selbst herausgehen, die Wolke werden, die wir vorüberziehen sehen, das Lied werden, das wir singen. Wir sind nicht nur das begrenzte und berechenbare Produkt, zu dem wir uns oft machen. Im Anfang war die Beziehung, die uns konstituiert. Wir existieren, wie Emmanuel Levinas das ausgedrückt hat „im Akkusativ", angesprochen, angehaucht, angesehen und gebraucht. Ganzsein bedeutet dieses Glück des „Siehe da!".

7 Hör nicht auf uns zu träumen

Klarheit gewinnen

Beten bedeutet, sich sammeln, nachdenken, Klarheit gewinnen, wohin wir eigentlich leben, was wir mit unserem Leben wollen; Gedächtnis haben und darin Gott ähnlich werden; Wünsche haben für uns und unsere Kinder; die Wünsche laut und leise, zusammen und allein äußern und darin immer mehr dem Menschen ähnlich werden, als der wir gemeint waren.

Lob der Tränen

Ist es ein Trost, weinen zu können? Ist es ein Verlust, wenn uns die Tränen wegbleiben? Ich versuche über diese Frage nachzudenken im Zusammenhang meiner eigenen Erfahrung mit dem Weinenkönnen.

Ich erinnere mich genau an ein Gespräch, das ich vor zwanzig Jahren mit einem Rundfunkredakteur führte. Fast beiläufig erzählte er mir, es gebe in der katholischen Liturgie die Bitte um Tränen. Ich erschrak, weil ich merkte, dass mir etwas fehlte. Heute glaube ich, dass diese Bemerkung eines älteren Freundes keineswegs beiläufig war. Vielleicht kannte er mich besser, als ich mich kannte, und ahnte etwas von der Trauer, die in mir steckte. Er wollte mich hinweisen auf die lösende und reinigende Kraft der Tränen. Es ging nicht um eine Aussprache, und unser Medium war nicht die psychologische Analyse. Es ging um mein Weinenkönnen, und das Medium war Religion. Ich erschrak, weil ich merkte, wie lange ich nicht mehr geweint hatte, und dieser Schrecken war der Anfang des Gebets. Ich schrieb danach einen Test mit dem Titel „Weinen Sie", der zu meinem Erstaunen über den Sender ging, und ich will diesen zwanzig Jahre alten Text anfügen trotz einiger Zweifel und Bedenken, die ich unterdessen an dieser Art zu sprechen und an ihrem philosophischen Hintergrund, dem Existenzialismus, habe. Es ist ein existenzieller Text, die Worte einer jungen Frau, die verstört ist durch Wirtschaftswunder und Remilitarisierung, die Christ zu sein versucht und ihr Leben im Licht der Bibel zu verstehen versucht, ohne auf die fertigen Antworten und Gewissheiten der kirchlichen Tradition zurückgreifen zu können.

Weinen Sie, Herr Müller, weinen Sie, Fräulein Schmidt, haben Sie keine Angst, Ihr Geicht nass zu machen, Ihre Hände, Ihr Taschentuch, Tränen sind nicht schmutzig, genieren Sie sich nicht. Bewahren Sie nicht Haltung, das war lange genug befohlen, Ihr Mund braucht das nicht mehr: Stolz und die Zähne zusammengebissen, Ihre Augen haben vergessen, was das soll: Gefasstheit und geradeaus, werfen Sie das weg. Weinen Sie, tun Sie nicht so als ob, auch Leiden will gelernt sein.

Weinen Sie, es ist eine Sache der Drüsen, die anschwellen können und salziges Wasser produzieren, Wasser, das bitter schmeckt in den Mundwinkeln und das die Wimpern ausgehen lässt. Misstrauen Sie den wimpernreichen Augen und den faltenlos glatten Hautküsten drumherum, spätestens von 32 Jahren an ist einer für sein Gesicht verantwortlich.

Weinen Sie, solange Zeit ist zum Weinen, die Überlebenden von Hiroshima konnten es nicht mehr, da zuckten nur noch die trockenen Augen, die Funktion versagte, es kam nichts mehr, vorbei. Weinen Sie, es macht hübscher, sagen manche, manche meinen auch, es macht alt vor der Zeit, die roten Lider und die geschwollene Nase, es lässt sich nicht verbergen, jeder erkennt es, kein Puder hilft Ihnen und kein Make up – aber lässt es sich denn verbergen, wie tränenlos ein Gesicht war?

Weinen Sie, Achill weinte um die schöne Briseis, und Odysseus weinte, weil er zehn Jahre umherirrte, und Goethe weinte noch als alter Mann, und Jesus weinte, als er die Stadt sah, in der wir wohnen, Sie und ich.

Und im Lande Uz saß Hiob und weinte. Er hatte eine Scherbe

in der Hand, um sich den Aussatz abzukratzen, aber das half nicht, die Geschwüre krochen an ihm hoch von den Füßen bis zum Haar, die Flechten brannten, und die Blasen gingen auf, eiterten und vermehrten sich auf seiner Haut. Wo er gekratzt hatte, da verkrustete sich trockenes Blut. Er saß in der Asche, die sollte ihn kühlen und war ein Zeichen der Trauer, er kratzte sich und weinte.

Er dachte an die Tage vorher, gute Tage, schöne Tage, 7000 Schafe und 3000 Kamele, er hatte sie nicht gezählt, aber eher mehr, 500 Paar Rinder und noch 500 Eselinnen, das alles war sein in den guten Tagen, als er nicht in der Asche saß und sich nicht zu kratzen brauchte und nicht weinen musste im Lande Uz.

Die Rinder und die Eselinnen waren von Nachbarn geraubt, die Knechte gleich mitgenommen und in die Sklaverei verkauft, die Schafe hatte der Blitz erschlagen und ein Waldbrand verzehrt, und die nächstwohnenden Feinde hatten die Kamelhirten überfallen und die Tiere weggetrieben. Und Hiob saß in der Asche und weinte. Ein Sturmwind aus der Wüste hatte das Haus seines ältesten Sohnes zum Einsturz gebracht, unter den Trümmern lagen sie alle nebeneinander, die sieben Söhne und die drei Töchter Hiobs. Sie hatten ein Fest gefeiert an dem Tag, die Sonne hatte geschienen, und sie hatten Wein getrunken und miteinander gelacht, und getanzt hatten sie, als der Orkan kam aus der Wüste, sie hielten sich noch an den Händen gefasst, als man sie ausgrub. Und Hiob, ihr Vater, saß in der Asche und weinte, und seine Frau, ihre Mutter, kam zu ihm und weinte nicht, die hatte genug und spuckte es aus, was da gekommen war, dem ins Gesicht, der es geschickt hatte und sich nicht sehen ließ. Da gab es keine Tränen mehr, bei Hiobs Frau und in Nagasaki.

Aber Hiob weinte, und er verfluchte die Sterne, die am Morgen seiner Geburt blass geworden waren. Warum waren sie nicht erstarrt im Dunkel, warum mussten sie dämmern und den Tag heraufflassen, den Tag, an dem er herauskam aus der dunklen Höhle, warum war nicht Nacht geblieben, und warum schien die Sonne im Lande Uz auf die Asche, wo er saß, sich kratzte und weinte?

Weinen Sie, auch Sokrates weinte über seinen Freund, und Jesaja über sein Volk, und sogar Alexander soll geweint haben über ein Unrecht, das er getan. Und Jesus aus Nazareth weinte, als er auf einem Hügel stand und auf die Stadt sah, in der wir wohnen, Sie und ich.

Weinen Sie, denn so ihr nicht werdet wie die Kinder, die haben soviel Tränen, zum Hinfallen welche und zum Gestochenwerden von einer Wespe und als der Luftballon platzte und als es Wirsing gab. Die Schmetterlinge sterben aus, weinen Sie, Schneewittchen wurde vergiftet, und dem kleinen Jungen rollte der abgeschlagene Kopf in die Truhe, in der lagen Äpfel, und er sollte auch einen kriegen, aber der Deckel schlug zu und Marlenichen, das Schwesterchen, weinte, dass man die Suppe nicht mehr zu salzen brauchte.

Weinen Sie, Sie brauchen nicht erst ins Kino zu gehen, weinen Sie in Ihrem Hause, für sich ganz allein, es gibt kein Unglück, das Ihre Tränen nicht verdiente, lassen Sie sich nicht irremachen, was heißt schon sentimental, ob die Kinoschluchzer das Leben nicht mehr lieben als die Unanfechtbaren mit den trockenen, den vertrockneten Augen?

Nehmen Sie sich ein Beispiel an König David, schon als Junge ein Held, der sich nicht ins Bockshorn jagen ließt von einem Trumm von Mann namens Riesengoliath. Kein Ängstlicher, keiner, der nahe am Wasser gebaut hat und dem die Nerven leicht durchgehen, was für Redensarten, um zu sagen, dass einer ein Mensch, ein tränenbegabtes Wesen ist. König David also weinte in seinem Palast zu Jerusalem über das kleine Kind der Frau, die er so sinnlos gewollt hatte, dass er ihretwegen die Ehe brach und ihren Mann an den Tod auslieferte, einen perfekten und ruhmreichen Heldentod. Er ließ ihn ungedeckt in einem unnützen Gefecht vor den Feind kommen, und richtig berechnet kam Uria um, weil seine Frau Bathseba hieß und sehr schön gewesen sein muss. Dem David gebar sie einen Sohn, und als das Kind krank wurde, ging David, König, in ein Haus zum Beten, aß nicht und trank nicht, schlief auf dem Fußboden und trug ein Gewand der

Trauer. Die Hofleute fürchteten, er wolle sich etwas antun, und sie gingen zu ihm und flehten ihn an, der auf dem Fußboden lag, sich zu erheben, König, Mann, Politiker, Feldherr, aber er antwortete nicht und weinte. Er aß nicht, er lag auf dem Boden, er weinte sieben Tage und sieben Nächte, während das Kind mit Krankheit geschlagen wurde und mit Fieber geschüttelt und sein helles Geschrei durch das Haus drang, immer leiser werdend. David hatte den Tod verdient, und er wusste es, aber warum sollte das Kind daran glauben, wenn ihm doch vergeben war, wie ein Pfarrer gesagt hatte, warum ließ man es ihm nicht, wenn überhaupt die Rede sein konnte von Vergebung. Sieben Tage und Nächte lag David auf dem Fußboden und weinte um das Kind, das doch starb am siebten Tag.

Umsonst sind die Tränen Davids geflossen, und umsonst weinte Hiob, und umsonst weinte Jesus aus Nazareth, als er die Stadt sah, in der wir wohnen, Sie und ich.

Weinen Sie ruhig, es ist keine Schande, sich nicht trösten zu lassen mit Krims und Krams, mit Ersatz und Kommtsonnenschein, haben Sie keine Angst, sich dem Schmerz zu geben, bei ihm sind Sie nicht schlechter aufgehoben als bei anderen, offen stehen alle seine Türen, er nimmt sie, ohne viel Fragen. Weinen Sie und schonen Sie sich nicht. Nicht die Gesundheit und nicht die Volkswirtschaft und nicht der Zuschnitt Ihres Lebens und nicht die zweieinhalb Zimmer Ihrer Wohnung sollten Sie dazu bringen, sich zu sparen. Weinen Sie, sparen Sie nicht Tränen, wer weiß, ob Sie morgen noch Zeit haben, noch Herz haben, noch Mut haben, noch Tränen haben.

Weinen Sie, es ist etwas, das Sie ohne: wozu? tun. Es ist nicht effektiv, niemand befühlt Ihr Kopfkissen des Morgens, niemand zählt Ihre Tränen, und was Sie erreichen können mit Tränen, das vergeht schnell wieder, Sie können sich schließlich nicht dranhalten. Tränen sind unnütz, sie sind Verschwendung, Überschuss, Tiere weinen nicht, keine Zwecke verfolgt die Natur hier, Sie erhalten weder sich noch Ihre Art durch Tränen, weinen Sie also, es nützt nichts, weinen Sie, es ändert nichts, weinen Sie, es bessert niemanden, auch Sie nicht, es hilft keinem, auch ihm nicht, weinen Sie.

Im Lande Uz saß Hiob in der Asche und weinte, im Tempel lag David und weinte, und im Gefängnishof stand Petrus und weinte, bitter.

Petrus weinte, weil es zu spät war. Er hatte Treue geschworen und sie verraten, schneller als üblich, er wollte ausharren und dabeibleiben bis zum Ende und fiel sofort um bei der ersten bis dritten Gelegenheit. Drei Gelegenheiten ist eine ganze Menge zum Versagen. Im Allgemeinen wird das Urteil eher bekannt, nach der ersten oder höchstens nach der zweiten. Petrus hatte es also besonders gut erwischt. Als er schwur und Sprüche machte, ewig, bis der Tod uns scheidet, und wenn ich sterben sollte, hatte er sich's viel schwerer gedacht: öffentliches Verhör, strahlende Beleuchtung, die Großen des Landes und alle Interessierten versammelt, Hass in den Augen, Verachtung um die Mundwinkel. Und er, Petrus, Sprecher der Jugend eines Volkes, legt ein Bekenntnis ab. Aber in Wirklichkeit war es kühl und war es dunkel, und er stand in einer Ecke herum und irgendeine Scheuerfrau ging vorüber, schaute sich noch nicht mal um, wollte gar nichts Besonderes sagen, keine Denunziation, achduliebezeit, eine Randbemerkung, man hätte sie überhören können, und er hätte nichts riskiert, wenn er Ja gesagt hätte. Und auch an dem Feuerchen der Knechte, er hatte sich wärmen wollen, war nicht die Stunde der Bewährung gekommen, eine sachliche, eine etwas spöttische Feststellung. Eine vollkommen gefahrlose Situation, was sollte schon passieren, wenn er zugegeben hätte, was doch offensichtlich war, man hatte ihn gesehen, man hörte seinen Dialekt, es gab nichts zu vertuschen. Aber er hatte sich gewehrt, er hatte zurückgeschlagen, viel zu heftig, so wild war es ja gar nicht gemeint, kein Mensch hatte Interesse an einer Diskussion – und das war das Ganze, und das hieß nun Verleugnung und war nie mehr gutzumachen, war nur zu beweinen, zu spät und vorbei. Weinend stand er da im Hof, weinend lief er hinaus in die Nacht, die schon grau wurde, weinend lief er hinter seinem Leben her, das verschwunden war, das zerstört war, wie bei dem in der Asche im Lande Uz, wie bei dem auf dem Fußboden im Tempel zu Jerusalem.

Petrus sieht den nicht wieder, den er verriet; der geht jetzt zu sterben, und zwar allein. Und Petrus tut, wozu ich Sie ermutigen möchte, er weint um sein Leben, um sein Zuspät, das nicht aufzuholen ist. Es gab keinen anderen Weg mehr. Bitter, heißt es, weinte er. Und selbst zum Weinen musste ihn erst einer ansehen, und das ist vielleicht immer so, dass einen einer ansieht, wenn man weint, auch den David hat er angesehen, auch den Hiob und Sie auch, aber das ist schon so lange her, als Sie zum letzten Mal geweint haben.

Und Jesus weinte. Über Jerusalem. Und über Düsseldorf. Über Oran und über Southampton und über Karl-Marx-Stadt und über Nagasaki und über Oswiecim und Treblinka und Wolfsburg und über zwei andere Städte, deren Namen kennen nur Sie, aber Sie kennen Sie gut; in der einen Stadt waren Sie vor fünf oder sechs Jahren, kann auch schon länger her sein oder kürzer, und in der andern Stadt sind Sie gerade jetzt, und über beide Städte wird geweint.

Weinen Sie ruhig. Stellen Sie sich zu ihnen, in die Asche, auf den Fußboden, vor die Tür. Stellen Sie sich dorthin, wo die Weinenden stehen: draußen, daneben, unten. Und stellen Sie sich zu ihm, der weint, als er die Stadt ansah, in der wir wohnen, Sie und ich.

Heute, zwanzig Jahre nachher, frage ich mich, was sich geändert hat und ob wir nicht noch mehr Grund haben zu weinen, wenn wir die Stadt ansehen, in der wir wohnen, die Ängste der Menschen vor der Bodenspekulation und der so genannten Sanierung und vor den nahebei gelagerten Atomraketen. Noch nicht lange her, da sind Jugendliche verzweifelt und aggressiv in Zürich durch die Straßen gezogen; einer der Sätze, die sie auf die Häuser sprühten, hieß: „Wir haben schon Grund genug zum Weinen, auch ohne Euer Tränengas“. Dieser Satz hat mich sehr betroffen. Wenn ich heute über das Weinen nachdenke und über die Gabe der Tränen, dann fallen mir nicht nur die Opfer von Hiroshima ein, die nicht mehr weinen konnten, sondern auch das Gas, das die, die nicht mehr weinen wollen, denen verordnen, die „schon Grund genug zum Weinen" haben.

Oft erscheint es mir so, als seien nur zwei Sprachen erlaubt in unserer Welt: die Sprache der Wissenschaft, die wertfrei und gefühllos ist, und die Sprache, die wir täglich in der Werbung hören, die banal ist und alle Gefühle trivialisiert, sodass Liebe mit einem Auto und Reinheit mit einem neuen Waschmittel zusammengebracht werden. Unter diesen Oberflächlichkeiten gibt es eine Nicht-Sprache der dumpfen Gereiztheit, das Gefühl, dass einem Gewalt angetan worden ist und den Wunsch nach Gegengewalt. Was in den Schulen und Ausbildungsstätten gelehrt wird, ist die rationale, abgehobene, möglichst handlungsentfernte Sprache, eine Rede, aus welcher der Gestus der Bewegungen, die Farbe des Dialekts, aus der Verlangsamung und Beschleunigung, Rhythmus und Ausdruck von Schmerz und Freude entfernt worden sind. Eine Art Plastiksprache, wie Politiker sie brauchen, denen zur Neutronenbombe zunächst nur einfällt, dass sie eigentlich nichts Neues beinhalte. Die Gefühle, die Ängste und die Freuden werden in dieser Sprache verleugnet, sie zählen nicht. Emotional sein, das wird in dieser Sprache zum Schimpfwort. Die Gefühle sollen so unterhalb dessen bleiben, was sprachlich zugelassen ist, sie dürfen sich nicht äußern und können, wie totgeboren, nichts bewirken. Statt über die Neutronenbombe zu weinen, was eine menschliche Reaktion wäre, wird das Faktum, dass sie von der amerikanischen Regierung zur Massenproduktion freigegeben worden ist, heruntergespielt. Politiker, die es wagen, sich menschlich, und das bedeutet auch emotional, zu äußern, setzen sich der Gefahr aus, zurückgepfiffen oder lächerlich gemacht zu werden. Es darf nicht geweint werden in unserer Kultur, und somit haben wir auch auf die reinigende und tröstende Kraft, die die christliche Tradition den Tränen zuschrieb, verzichtet.

Ohne Tränen sein, das bedeutet, in einer ausdrucksarmen und gefühlsunfähigen Kultur zu leben. Wir verleugnen das Bedürfnis nach dem Geist, der tröstet und zur Wahrheit führt, wir bilden uns ein, wir könnten ohne Geist leben, ohne ausgedrückten Schmerz und ohne Trost. Wir haben die Bitte um die Gabe der Tränen vergessen. Ich will hier ein Gedicht einfügen, das gegen dieses Vergessen angeht und ein Gebet ist.

gib mir die gabe der tränen gott
gib mir die gabe der sprache

führ mich aus dem lügenhaus
wasch meine erziehung ab
befreie mich von meiner mutter tochter
nimm meinen schutzwall ein
schleif meine intelligente burg

gib mir die gabe der tränen gott
gib mir die gabe der sprache

reinige mich vom verschweigen
gib mir die wörter den neben mir zu erreichen
erinnere mich an die tränen
der kleinen studentin in göttingen
wie kann ich reden
wenn ich vergessen habe, wie man weint?
Mach mich nass
versteck mich nicht mehr
gib mir die gabe der tränen gott
gib mir die gabe der sprache
zerschlage den hochmut mach mich einfach
lass mich wasser sein das man trinken kann
wie kann ich reden
wenn meine tränen nur für mich sind
nimm mir das private eigentum
und den wunsch danach
gib und ich lerne geben
gib mir die gabe der tränen gott

gib mir die gabe der sprache
gib mir das wasser des lebens

Ich möchte nun noch von einer Frau erzählen, die von vielen wie eine Heilige unserer Tage angesehen wird, von Dorothy Day, der großen alten Frau eines kompromisslosen Katholizismus, Pazifistin und Anarchistin, Gründerin des Catholic Worker, einer Hilfsorganisation für hungernde Arbeitslose in der Zeit der großen Depression in den Vereinigten Staaten. Vor einigen Jahren nahm mich ein Freund mit in die ärmste Gegend im Süden Manhattans zu der Armenküche des Catholic Workers. Die Christen, die dort arbeiten, erbitten von Bäckereien und Lebensmittelhändlern Reste, Altgewordenes, Unverkäufliches und bereiten daraus eine Suppe für ihre zahlreichen Gäste. Diese gehören zu den Ärmsten der Armen, es sind Stadtstreicher, Obdachlose, psychisch oder geistig Gestörte, aus Anstalten Entlaufene, die meisten von ihnen Alkoholiker, die, was sie an Geld von der Fürsorge bekommen, in Alkohol anlegen. Ihre einzige warme Mahlzeit ist das, was sie in dem Gastfreundschaftshaus des Catholic Workers bekommen. Ich habe dort mit anderen meist jungen freiwilligen Helfern Suppe ausgegeben, und was mir besonders gefiel, war, dass nicht die alten Leute Schlange stehen mussten, um etwas zu bekommen, sondern dass sie zu Tisch gebeten wurden und wir ihnen aufwarteten. Ich habe dann ein langes Gespräch mit der damals 82-jährigen Dorothy Day geführt, ständig unterbrochen von den Leuten im Obdachlosenasyl, die kamen und gingen. Ich habe damals zum ersten Mal verstanden, was freiwillige Armut bedeutet. Dorothy Day erwähnte nebenbei, dass Leute immer wieder in ihr Zimmer kommen, dort eine Weile hausen, Sachen mitnehmen oder liegen lassen. Der Verzicht auf Eigentum, den sie lebte, schloss auch den Verzicht auf eine private Sphäre ein. Dorothy Day, die eine ausgezeichnete, witzige und klare Journalistin war, lebte in Besitzlosigkeit und im Dienst für die, die von der Gesellschaft aufgegeben sind und in den allermeisten Fällen auch sich selber aufgegeben hatten. Der andere Schwerpunkt ihres Lebens war der radikale Pazifismus. Als sie während des Vietnamkrieges bei einer Protestaktion verhaftet wurde, haben viele Christen in den Staaten verstanden, was für ein Krieg und was für ein System das ist, das es nötig hat, diese absolut furchtlose alte Frau ins Gefängnis zu werfen.

Was mich am tiefsten an ihr bewegt hat, habe ich erst nach ihrem Tod erfahren, und es gehört zu unserem Thema, dem Lob der Tränen. Wie jeder Mensch, der nach Gerechtigkeit und Frieden Hunger und Durst hat, so geriet auch Dorothy Day in Phasen der absoluten Erschöpfung, der Trauer und des Schmerzes. Das Wort „Verzweiflung" scheint mir nicht angemessen, aber sehr weit entfernt davon kann es nicht gewesen sein, was sie durchmachte. In diesen Zeiten, so wurde mir berichtet, habe sie sich zurückgezogen und geweint. Ohne Gespräch, ohne Nahrung einfach dagesessen und geweint. Sie hat sich nicht aus ihrem kämpferischen und aktiven Leben für die Ärmsten zurückgezogen, und sie hat nie aufgehört, den Krieg und die Kriegsvorbereitung als ein Verbrechen an den Ärmsten anzusehen. Aber zu Zeiten hat sie bitterlich und lange Zeit geweint.

Als ich das erfuhr, verstand ich etwas besser, was Pazifismus ist; was Gott in der Mitte der Niederlage bedeutet; wie der Geist uns tröstet und uns zur Wahrheit führt, wobei eines nicht auf Kosten des andern geht und Trost nicht mit dem Verzicht auf Wahrheit gekauft werden kann. Dass Dorothy Day tagelang weinte, bedeutet für mich, dass der Trost des Geistes zugleich unsere Untröstlichkeit enthält, und in diesem Sinn können wir von ihr lernen, um die Gabe der Tränen zu bitten.

Loben

Bei der Suche nach einer neuen Sprache der Schöpfungsfrömmigkeit sind mir vor allem Tätigkeitswörter, nicht Substantive in den Sinn gekommen: Staunen, sich wundern, Ehrfurcht empfinden, sich erneuern im Rhythmus der Schöpfung, ihre Schönheit wahrnehmen und sich daran freuen, die Quelle des Lebens loben.

Alle Menschen sind Dichter

Das Christentum setzt voraus, dass alle Menschen Dichter sind, nämlich beten können. Das ist dasselbe wie: mit den Augen Gottes sehen. Wenn die Menschen mit der größten Wahrhaftigkeit, deren sie fähig sind, das zu sagen versuchen, was sie wirklich angeht, dann beten sie und sind zugleich Dichter. Das wieder auszugraben oder zu realisieren oder bekannt zu machen ist ein Ziel, das ich mit meinen Gedichten habe.

Ich habe oft das Bedürfnis, wenn ich mit jemand zusammen war und von bestimmten Punkten des Gesprächs betroffen war, dies dann aufzuschreiben und für mich selbst zu formen oder zu klären. Das ist dann so, als ob ich das Gespräch noch mal erlebte, in einer intensiveren Weise. Es hängt wohl damit zusammen, dass ich gern meine Beziehung zum Jetzt, zur Gegenwart, vertiefe, also dass ich wirklich *jetzt* leben will und nicht das Leben auf einen späteren freudvolleren Zustand verschieben möchte. Ich will das, was jetzt da ist, wahrnehmen lernen, sehen lernen, hören lernen – das heißt: aufmerksamer leben. Aufmerksamkeit ist für mich vor allem durch Simone Weils Aufsatz ein sehr wichtiger Begriff geworden. Aufmerksam sein auch im Alltag und im Gespräch so zuhören oder nachfragen oder interpretieren – daraus wird ein Gedicht gemacht.

Und ist noch nicht erschienen
Ein Gebet nach 1. Johannesbrief 3, 2

Und ist noch nicht erschienen, was wir sein werden
o Gott, der du auftust und offenbar machst
wann wird es soweit sein?
wann werden wir sichtbar?
wann wird die Wahrheit an uns sichtbar?
wann wird man an unsern Städten sehen:
hier wohnen die Söhne und Töchter Gottes

die Schwarze nicht von Weißen apart halten
und Türken nicht von Deutschen separieren
und Frauen nicht von der Wahrheitsfindung ausschließen
wann werden wir sichtbar, Gott,
als deine Töchter und Söhne?

Und ist noch nicht erschienen, was wir sein werden
o Gott, wie du Leben hervorbringst und Lachen
wann wird es soweit sein?
wann werden wir offenbar?
Wann wird die Wahrheit an uns sichtbar?
wann wird man an unserm Fernsehprogramm erkennen:
hier wohnen die Freunde Gottes
sie schrecken niemanden ab, sie laden ein
sie spielen Handball mit denen
die sie früher Feinde nannten
und trauen ihnen, die deine Kinder sind wie wir
wann werden wir sichtbar, Gott,
als deine Töchter und Söhne?

Und ist noch nicht erschienen, was wir sein werden
o Gott, die du uns besser kennst als wir uns selber kennen
wann müssen wir unser Gesicht nicht mehr verstecken
vor den Verhungernden?
Wann werden wir sichtbar?
wann wird die Wahrheit durch uns hindurchleuchten?
Wann wird man an unsern Handelsbeziehungen sehen:
hier wohnen die neuen Menschen, die schwesterlichen
wann wird die Sonne der Gerechtigkeit über uns aufgehen
und die Ausplünderungsnacht zu Ende gehen?
Wann werden wir sichtbar, Gott,
Söhne und Töchter in deinem Reich?

Und ist noch nicht erschienen, was wir sein werden
o Gott, der du alles geschaffen hast
wann wird es soweit sein
dass wir es *sehr gut* nennen wie du
wann werden wir sichtbar?
wann wird die Wahrheit scheinen?
Wenn wird man an unseren Gärten und Feldern sehen:
hier wohnen die sanften Kinder der Erde
die das Vergewaltigen nicht gelernt haben
und das Plündern verlernten
hier wohnen kleine Menschen
die die Türme nicht in den Himmel bauen
und die Tiere nicht zu Tode testen
Gott, Freundin der Menschen, Freund der Erde
komm bald
maranatha beeil dich
mach uns sichtbar
Töchter und Söhne
in deinem Reich.

Nachts um vier

Komm doch zu mir engel der schlafenden
ich trete die alte mühle der sorgen
meine hände sind ruhelos
die glieder verknotet und ungelöst
meine gedanken klappern das unglück ab

Komm doch zu mir engel der schlafenden
in dieser stunde liegen die gefolterten wach
kühl ihre wunden streck die verrenkten glieder
lieber stummer engel der schlafenden

Meine gedanken sind in den befreiten gebieten
el salvadors die sie jetzt mit napalm behandeln
meine ängste kreisen um mein krankes kind

Engel der schlafenden ich ruf dich seit stunden
leg deine dunkle decke über meine verwachten augen
komm doch zu mir

Und grüß den anderen engel
deinen dunkleren bruder

Aus der tiefe rufe ich gott zu dir

Aus der tiefe rufe ich gott zu dir
aus der tiefe der trivialität die alles erklärt
aus der tiefe der oberfläche der alles gleich gilt
aus der vertrockneten tiefe in die der schmerz nicht hinlangt
aus der tiefe meiner normalen verzweiflung
aus der tiefe der ekelerregenden klasse der bourgeoisie
aus der tiefe die sieht und nichts sieht
aus der tiefe die hört und nichts versteht
aus der tiefe der angst die sich nicht eingesteht
rufe ich gott zu dir.

Befrei mich von meiner angst zu berühren
befrei mich von meiner politischen rolle
befrei mich von mir
versöhn mich mit denen die mehr tragen
versöhn mich mit denen die mehr riskieren
versöhn mich mit den anderen müttern

Breathe on me breath of god
Nach edwin hatch 1886

Atem gottes hauch mich an
füll du mich wieder mit leben
dass ich was du liebst lieben kann
und rette was du gegeben

Atem gottes weh mich an
bis mein herz dir offen
bis ich was du willst wollen kann
im handeln und im hoffen

Atem gottes blas mich an
bis ich ganz dein werde
bis dein feuer in mir brennt
auf der dunklen erde

Atem des lebens atme in mir
lehr mich die luft zu teilen
wie das wasser wie das brot
komm die erde zu heilen

Ohne zu lügen

Schaffe in mir gott ein neues herz
das alte gehorcht der gewohnheit
schaff mir neue augen
die alten sind behext vom erfolg
schaff mir neue ohren
die alten registrieren nur unglück
und eine neue liebe zu den bäumen
statt der voller trauer
eine neue zunge gib mir

statt der von der angst geknebelten
eine neue sprache gib mir
statt der gewaltverseuchten
die ich gut beherrsche
mein herz erstickt an der ohnmacht
aller die deine fremdlinge lieben
schaffe in mir gott ein neues herz

Und gib mir einen neuen geist
dass ich dich loben kann
ohne zu lügen
mit tränen in den augen
wenns denn sein muss
aber ohne zu lügen

Ich dein baum

Nicht du sollst meine probleme lösen
sondern ich deine gott der asylanten
nicht du sollst die hungrigen satt machen
sondern ich soll deine kinder behüten
vor dem terror der banken und militärs
nicht du sollst den flüchtlingen raum geben
sondern ich soll dich aufnehmen
schlecht versteckter gott der elenden

Du hast mich geträumt gott
wie ich den aufrechten gang übe
und niederknien lerne
schöner als ich jetzt bin
glücklicher als ich mich traue
freier als bei uns erlaubt

Hör nicht auf mich zu träumen gott
ich will nicht aufhören mich zu erinnern
dass ich dein baum bin
gepflanzt an den wasserbächen
des lebens

Durchwachte nacht

Durchwachte nacht die sterne nah wie nie
die milchstraße nebenan
trauer fällt über mich her und schlägt zu

Eine sternschnuppe fällt aus nichts
ins nichts
geschlagen kann ich nicht wünschen

Sie rücken ab die nahen sterne
verschwinden zu spät bete ich
um tränen

Zwei traurigkeiten soll es geben
eine der welt und sie führt zum tod
eine gottes und sie soll zum leben führen

Ich weiß sie nicht
zu unterscheiden

Ein gebet für nicaragua

Eine große decke breite aus
über das kleine land der vulkane
dass die bombenflugzeuge es nicht finden können
und die mordbrenner nicht eindringen
und der präsident der vereinigten toten
das kleine land vergisst

Eine große decke breite aus
über das kleine land gerade vier jahre alt
dass die kinder zur schule gehen können
und auch die älteren frauen wie ich
dass der kaffee geerntet und medizin verteilt
und keiner vergessen wird

Eine große decke breite aus
gehalten von allen die das land lieben
die jungfrau maria hat einen mantel
und der heilige franz ein festkleid
das er seinem reichen vater vor die füße warf
und ho chi minh trug ein bauernhemd wie sandino
aus all diesem stoff ist die decke gewebt

Eine große decke breite aus
aus wünschen die so viel zärtlichkeit atmen
dass sie gebete werden
und lieben ist das tätigkeitswort
das zu gott gehört
so kommt die decke von gott

Eine dunkle decke
ausgebreitet die hoffnung der armen zu schützen
bis die nacht endet
bis endlich die nacht endet

Ein herzinfarkt

Tom erzählt mir wie er glaubte zu sterben
vor schmerzen und vor angst
bis die ambulanz kam und der große schwarze
ihm sagte dad du machst jetzt einfach
was wir dir sagen

Und weil noch nie ein fremder ihn vater nannte
ließ tom die jungen machen
ließ die angst gehen nicht die schmerzen
und wartete mit verwunderung was weiter mit einem gewissen
tom x geschähe in der klinik

Und ich möchte ein lied singen
für einen unbekannten ambulanzfahrer
in einer stadt die für gewalt berühmt ist
ein lied für einen Mann der einem anderen
mitglied der menschlichen familie
einen friedensnamen schenkt

Und ihn zum vater gemacht hat
sodass ich gleich sah
als ich ins krankenhaus kam
dass tom etwas geboren haben muss

Lob in der schrecklichen weihnachtszeit

Als der regen auf die roten mäntel der weihnachtsmänner fiel
und sie bonbons aus ihren säcken holten
und die kinder ihre eiligen mütter festhielten
und mir mir mich schrieen vor dem kaufhaus

Gingen hinter mir zwei jungen
bei uns in chile ich traute meinen ohren nicht
sind die weihnachtsbäume viel größer
und der nikolaus holt alles runter ganz viel

Ich drehte mich um und sah einen menschen von zwölf jähren
mit schwarzen locken
er sagte im klaren deutsch zu dem blonden
alle kriegen was verstehst du keiner
kriegt nix verstehst du gar keiner

Dies ist eine wahre geschichte aus hamburg-altona
und drei gründe auf einmal
gott zu loben
für das gloria keiner kriegt nix gar keiner
für den engel im anorak
für das chile das war

Für das chile das sein wird

Quellenverzeichnis

1. Das Glück der Erde:

Credo für die erde, aus: Loben ohne Lügen. Gedichte. © Wolfgang Fietkau Verlag, Kleinmachnow, 1. Aufl. 2000, 43

Die Schöpfung geht weiter, aus: Lieben und arbeiten. Eine Theologie der Schöpfung. Kreuz Verlag, Stuttgart 1985. © Prof. Dr. Fulbert Steffensky

Die Erde gehört nicht uns, aus: Lieben und arbeiten. Eine Theologie der Schöpfung. Kreuz Verlag, Stuttgart 1985. © Prof. Dr. Fulbert Steffensky

Heilig ist die Erde, unverfügbar, aus: Lieben und arbeiten. Eine Theologie der Schöpfung. Kreuz Verlag, Stuttgart 1985. © Prof. Dr. Fulbert Steffensky

Es ist dir gesagt, Mensch, aus: © Junge Kirche 4/95, 205

Renovabis faciem terrae, aus: Loben ohne Lügen. Gedichte. © Wolfgang Fietkau Verlag, Kleinmachnow, 1. Aufl. 2000, 17

Erinnere dich an die bäume, aus: Zivil und ungehorsam. Gedichte. © Wolfgang Fietkau Verlag, Kleinmachnow, 2. Aufl. 1998, 117

Vom baum lernen, aus: Fliegen lernen. Gedichte. © Wolfgang Fietkau Verlag, Kleinmachnow, 5. Aufl. 1994, 4

Ein gewitter, aus: Loben ohne Lügen. Gedichte. © Wolfgang Fietkau Verlag, Kleinmachnow, 1. Aufl. 2000, 40

Aus erde bin ich gemacht, aus: Fliegen lernen. Gedichte. © Wolfgang Fietkau Verlag, Kleinmachnow, 2. Aufl. 1994, 43

2. Nur nicht gleichgültig werden:

Definitionen des erwachsenseins, aus: Fliegen lernen. Gedichte. © Wolfgang Fietkau Verlag, Kleinmachnow, 2. Aufl. 1994, 71

Als jacob sein braunes lederbüchlein …, aus: Fliegen lernen. Gedichte. © Wolfgang Fietkau Verlag, Kleinmachnow, 2. Aufl. 1998, 24

Schön wär's ja (Liebe deinen Nächsten wie dich), aus: Und ist noch nicht erschienen, was wir sein werden. Stationen feministischer Theologie, Deutscher Taschenbuch Verlag, München 1987. © Prof. Dr. Fulbert Steffensky

Schaukeln in La Paz, aus: Gott im Müll, Deutscher Taschenbuch Verlag, München 1992. © Prof. Dr. Fulbert Steffensky

Hoffnungslosigkeit ist Luxus, aus: Gott im Müll, Deutscher Taschenbuch Verlag, München 1992. © Prof. Dr. Fulbert Steffensky

Dom helder camara an der nevada test site, aus: Zivil und ungehorsam.

Gedichte. © Wolfgang Fietkau Verlag, Kleinmachnow, 2. Aufl. 1998, 147

Für meine drei töchter, aus: Verrückt nach Licht. Gedichte. © Wolfgang Fietkau Verlag, Kleinmachnow, 3. Aufl. 2003, 51

Mütter und Töchter, aus: Verrückt nach Licht. Gedichte. © Wolfgang Fietkau Verlag, Kleinmachnow, 3. Aufl. 2003, 45

Auf einer reise für mehr frieden, aus: Verrückt nach Licht. Gedichte. © Wolfgang Fietkau Verlag, Kleinmachnow, 3. Aufl. 2003, 41

Lob der freundschaft, aus: Fliegen lernen. Gedichte. © Wolfgang Fietkau Verlag, Kleinmachnow, 5. Aufl. 1994, 26

Der ofen, aus: Verrückt nach Licht. Gedichte. © Wolfgang Fietkau Verlag, Kleinmachnow, 3. Aufl. 2003

3. Die Malve am Straßenrand:

Erinnerung an das wirkliche Leben mitten im falschen, aus: dies./Luise Schottroff, Den Himmel erden, Deutscher Taschenbuchverlag, München 1996. © Prof. Dr. Fulbert Steffensky

Leben in seiner Fülle. Rede in Vancouver, aus: Das Fenster der Verwundbarkeit, Kreuz Verlag, Stuttgart 1987. © Prof. Dr. Fulbert Steffensky

Was ich lieber nicht sehen wollte, aus: Gegenwind. Piper Verlag, München 1999. © 1995 by Hoffmann und Campe Verlag, Hamburg

Brief an den erbauer der grazer wendeltreppe im himmel, aus: Verrückt nach Licht. Gedichte. © Wolfgang Fietkau Verlag Berlin 2002, S. 83

Der schottische richter nigel thomson, aus: Fliegen lernen. Gedichte. © Wolfgang Fietkau Verlag, Kleinmachnow, 5. Aufl. 1994, 11

Was hast du getan wird der engel mich fragen, aus: Fliegen lernen. Gedichte. © Wolfgang Fietkau Verlag, Kleinmachnow, 5. Aufl. 1994, 19

Der männliche Erlöser – Kritische Fragen und Antworten, aus: Deutscher Evangelischer Kirchentag Leipzig 1997, Dokumente, hg. v. Konrad von Bonin, Gütersloh 1997. © Prof. Dr. Fulbert Steffensky

4. Glück nicht nur vom Hörensagen:

Annähererungsversuche in trauer und kurzer zeit, aus: Fliegen lernen. Gedichte. © Wolfgang Fietkau Verlag, Kleinmachnow, 5. Aufl. 1994, 70

Jemandem sein glück glauben, aus: Fliegen lernen. Gedichte. © Wolfgang Fietkau Verlag, Kleinmachnow, 5. Aufl. 1994, 25

Nicht mehr im Paradies sein, aus: Und ist noch nicht erschienen, was wir sein werden. Stationen feministischer Theologie, Deutscher Taschenbuch Verlag, München 1987. © Prof. Dr. Fulbert Steffensky

Nach dem Bild der Liebe geschaffen und Der Wunsch, ganz zu sein, aus:

Lieben und arbeiten. Eine Theologie der Schöpfung. Kreuz Verlag, Stuttgart 1985. © Prof. Dr. Fulbert Steffensky

Je mehr wir lieben, aus: Dorothee Sölle, Leiden. © Kreuz Verlag, Stuttgart 1973, 185f.

Mitten in deiner Trauer, aus: Gegenwind. Piper Verlag, München 1999. © 1995 by Hoffmann und Campe Verlag, Hamburg

Wenn du traurig bist, aus: Verrückt nach Licht. Gedichte. © Wolfgang Fietkau Verlag, Kleinmachnow, 3. Aufl. 2003, 86

Second hand life, aus: Verrückt nach Licht. Gedichte. © Wolfgang Fietkau Verlag, Kleinmachnow, 3. Aufl. 2003, 76

Gebet nicht aus der liebe zu fallen, aus: Spiel doch von Brot und Rosen. Gedichte. © Wolfgang Fietkau Verlag, Kleinmachnow, 3. Aufl. 1998, 79

Vision eines augenblicks, aus: Fliegen lernen. Gedichte. © Wolfgang Fietkau Verlag, Berlin 1994, 45

Die pfirsiche sind reif, aus: Fliegen lernen. Gedichte. © Wolfgang Fietkau Verlag, Kleinmachnow, 5. Aufl. 1994, 47

Auf einen zettel schreibe ich …, aus: Fliegen lernen. Gedichte. © Wolfgang Fietkau Verlag, Kleinmachnow, 5. Aufl. 1994, 41

5. Zuhause in diesem Kosmos – zwischen Leben und Tod:

Wo gehen wir hin?, aus: Sölle/Helmut Thielicke, Tod und Zukunftsgestaltung, in: Worauf ist Verlaß?, Bibelarbeiten und Vorträge … 15. DEKT, Düsseldorf 1973. © Prof. Dr. Fulbert Steffensky

Gegen den tod, aus: Zivil und ungehorsam. Gedichte. © Wolfgang Fietkau Verlag, Kleinmachnow, 2. Aufl. 1998, 49

Ein anderes verhältnis zum tod, aus: Verrückt nach Licht. Gedichte. © Wolfgang Fietkau Verlag, Kleinmachnow, 3. Aufl. 2003, 106

Gegen die Kälte, aus: Spiel doch von Brot und Rosen. Gedichte. © Wolfgang Fietkau Verlag, Kleinmachnow, 3. Aufl. 1998, 86

Über auferstehung, aus: Fliegen lernen. Gedichte. © Wolfgang Fietkau Verlag, Kleinmachnow, 3. Aufl. 1998, 21

Der Tod meiner Mutter, aus: Gegenwind. Erinnerungen. © 1995 by Hoffmann und Campe, Hamburg

6. Auf uns wartet ein Segen:

Sabbat – Brot für die Seele, aus: Sölle/Luise Schottroff, Die Erde gehört Gott, Rowohlt Taschenbuch Verlag, Reinbek 1985. © Prof. Dr. Fulbert Steffensky

Atem Gottes, aus: dies./Luise Schottroff, Den Himmel erden, Deutscher Taschenbuchverlag, München 1996. © Prof. Dr. Fulbert Steffensky

Namen Gottes, aus: Und ist noch nicht erschienen, was wir sein werden.

Stationen feministischer Theologie, Deutscher Taschenbuch Verlag, München 1987. © Prof. Dr. Fulbert Steffensky

Leidenschaft für alles Lebendige, aus: lieben und arbeiten. Eine Theologie der Schöpfung. Kreuz Verlag, Stuttgart 1985. © Prof. Dr. Fulbert Steffensky

Ein sohn des lebens, aus: Loben ohne Lügen. Gedichte. © Wolfgang Fietkau Verlag, Kleinmachnow, 1. Aufl. 2000, 8f

Lesen, aus: Verrückt nach Licht. Gedichte. © Wolfgang Fietkau Verlag, Kleinmachnow, 3. Aufl. 2003, 117

Antwort auf die frage …, aus: Spiel doch von Brot und Rosen. Gedichte. © Wolfgang Fietkau Verlag, Kleinmachnow, 3. Aufl. 1998, 112

Das Nichts, das alles werden will, aus: Es muß doch mehr als alles geben, Verlag Herder Freiburg 2003. © 1992 by Hoffmann und Campe, Hamburg

Gott träumt uns, aus: Es muß doch mehr als alles geben, Verlag Herder Freiburg 2003. © 1992 by Hoffmann und Campe, Hamburg

Vergebung, aus: Das Recht ein anderer zu werden, Hermann Luchterhand Verlag Neuwied und Berlin 1971. © Prof. Dr. Fulbert Steffensky

Gott wird Mensch, aus: Das Recht ein anderer zu werden, Hermann Luchterhand Verlag Neuwied und Berlin 1971. © Prof. Dr. Fulbert Steffensky

Liebe, aus: Hartlieb/Quarch/Schellenberger (Hgg), Spirituell leben. © Verlag Herder 2002, 241ff

7. Hör nicht auf uns zu träumen:

Klarheit gewinnen, aus: Das Fenster der Verwundbarkeit, Kreuz Verlag, Stuttgart 1987. © Prof. Dr. Fulbert Steffensky

Lob der Tränen, aus: Rudolf Walter (Hg), Das Lob der sieben Tröstungen, © Verlag Herder Freiburg 1982

Gib mir die gabe der träume, aus: Fliegen lernen. Gedichte. © Wolfgang Fietkau Verlag, Kleinmachnow, 5. Aufl. 1994

Loben, aus: Lieben und arbeiten. Eine Theologie der Schöpfung. Kreuz Verlag, Stuttgart 1985. © Prof. Dr. Fulbert Steffensky

Alle Menschen sind Dichter, aus: Gegenwind. Erinnerungen, Piper, München 1999. © 1995 by Hoffmann und Campe Verlag, Hamburg

Und ist noch nicht erschienen, aus: Und ist noch nicht erschienen, was wir sein werden. Stationen feministischer Theologie, dtv 1987. © 1978/1987 Kreuz Verlag, Stuttgart

Nachts um vier, aus: Verrückt nach Licht. Gedichte. © Wolfgang Fietkau Verlag, Kleinmachnow, 3. Aufl. 2003, 157

Aus der tiefe rufe ich gott, aus: Verrückt nach Licht. Gedichte. © Wolfgang Fietkau Verlag, Kleinmachnow, 3. Aufl. 2003, 69
Breathe on me, aus: Loben ohne Lügen. Gedichte. © Wolfgang Fietkau Verlag, Kleinmachnow, 1. Aufl. 2000, 26
Ohne zu lügen, aus: Loben ohne Lügen. Gedichte. © Wolfgang Fietkau Verlag, Kleinmachnow, 1. Aufl. 2000, 15
Ich dein baum, aus: Loben ohne Lügen. Gedichte. © Wolfgang Fietkau Verlag, Kleinmachnow, 1. Aufl. 2000, 12
Durchwachte nacht, aus: Zivil und ungehorsam. Gedichte. © Wolfgang Fietkau Verlag, Kleinmachnow, 2. Aufl. 1998, 53
Ein gebet für nicaragua, aus: Verrückt nach Licht. Gedichte. © Wolfgang Fietkau Verlag, Kleinmachnow, 3. Aufl. 2003, 114
Ein herzinfarkt, aus: Spiel doch von Brot und Rosen. Gedichte. © Wolfgang Fietkau Verlag, Kleinmachnow, 3. Aufl. 1998, 116
Lob in der schrecklichen weihnachtszeit, aus: Fliegen lernen. Gedichte. © Wolfgang Fietkau Verlag, Kleinmachnow, 5. Aufl. 1994, 9

Leben ist mehr

Dorothee Sölle
Den Rhythmus des Lebens spüren
Inspirierter Alltag
Hrsg. von Bettina Hertel und Birte Petersen
Band 5413
Dorothee Sölle geht es um glaubwürdige Antworten auf Sinnfragen der Existenz – im Alltag unseres Lebens. Eindringlich, unerschrocken, bewegend.

Dorothee Sölle
Erinnert euch an den Regenbogen
Texte, die den Himmel auf Erden suchen
Hrsg. von Bettina Hertel und Birte Petersen
Band 4944
Ein Buch mit den zentralen und schönsten Texten der spirituellen Dichterin und Denkerin.

Dorothee Sölle
Es muss doch mehr als alles geben
Nachdenken über Gott
Band 5239
Die Frage nach Gott ist zentraler denn je. Dorothee Sölle benennt, was Angst macht. Und was befreit. Ein klares und offensives spirituelles Buch.

Was tust du, fragt der Engel
Mystik im Alltag
Hrsg. von Bärbel Wartenberg-Potter
Band 5450
Inspiriert von Dorothee Sölle geht es um die Vision einer konkreten Mystik. Mit Texten spiritueller Meister: Pierre Stutz, Anselm Grün, Fulbert Steffensky, Reinhild Traitler, Ingrid Riedel u. a.

Sich öffnen für den Augenblick
Mystik im Alltag
Hrsg. von Michaela Diers
Band 5594
Es gibt Momente, in denen ein besonderes Licht auf den Alltag fällt. Ein Buch voller außergewöhnlicher Texte – Autoren: Thomas Merton, Robert Lax, Dorothee Sölle, Thich Nhat Hanh, David Steindl-Rast u. a.

Margot Käßmann
Gut zu leben
Gedanken für jeden Tag
Band 5552
Manchmal braucht man in der Anstrengung des Alltags Worte, die helfen, das Wichtige vom Unwichtigen zu unterscheiden. Gedanken von Margot Käßmann für jeden Tag des Jahres: erhellend, ermutigend, inspirierend.

Niklaus Brantschen
Erfüllter Augenblick
Wege zur Mitte des Herzens
Band 5030
Lärm, Unruhe, Hektik, Stress, Zerstreutheit – damit unser Leben nicht davon überwältigt wird, können wir Oasen der Stille suchen und ein neues Gefühl für das Leben finden.

Willigis Jäger
Die Welle ist das Meer
Mystische Spiritualität
Hrsg. von Christoph Quarch
Band 5046
Mystik, was ist das – ganz praktisch? Eine Sicht, die enge Grenzen sprengt und den tiefen Reichtum auch anderer religiöser Kulturen erschließt.

Anselm Grün
Vergiss das Beste nicht
Inspiration für jeden Tag
Hrsg. von Anton Lichtenauer
Band 4864
365 Anregungen, die der Seele gut tun.

Anselm Grün
50 Engel für das Jahr
Ein Inspirationsbuch
Band 4902
Die 50 Engel des Jahres sind inspirierende und diskrete Begleiter des Alltags. Ein „himmlisches" Buch, zum Schmökern und Verschenken.